누가 뭐래도 내 길을 갈래

10대, 직업과 진로의 멘토를 만나다

2018년 7월 12일 1판 1쇄
2023년 10월 10일 1판 7쇄

지은이 김은재

편집 정은숙·박주혜 **디자인** 김민해
제작 박흥기 **마케팅** 이병규·이민정·최다은·강효원 **홍보** 조민희

인쇄 천일문화사 **제책** J&D바인텍

펴낸이 강맑실 **펴낸곳** (주)사계절출판사
등록 제406-2003-034호 **주소** (우) 10881 경기도 파주시 회동길 252
전화 031)955-8588, 8558 **전송** 마케팅부 031)955-8595 편집부 031)955-8596
홈페이지 www.sakyejul.net **전자우편** skj@sakyejul.com
블로그 blog.naver.com/skjmail **페이스북** facebook.com/sakyejul
트위터 twitter.com/sakyejul

값은 뒤표지에 적혀 있습니다. 잘못 만든 책은 서점에서 바꾸어 드립니다.

사계절출판사는 성장의 의미를 생각합니다.
사계절출판사는 독자 여러분의 의견에 늘 귀기울이고 있습니다.

ISBN 979-11-6094-379-5 44370
ISBN 978-89-5828-570-0 (세트)

누가 뭐래도
내 길을 갈래

10대,
직업과 진로의
멘토를 만나다

김은재 지음

사ㅁ계절

차례

1

기숙 학교 대소동

"가까이 오지 마요! 뛰어내릴 거야!"

방정이가 순식간에 2층 복도 끝 창틀로 올라섰다. 방정이는 양손으로 왼쪽 창틀을 움켜쥐고 곁눈질로 아래를 내려다보았다. 창이 열려 있어, 한쪽 겨드랑이에 스케치북까지 끼운 방정이가 아슬아슬하게 매달린 모습이 위태로워 보였다. 지켜보는 전궁이는 오금이 다 저렸다.

담임 피바다가 교실 앞문에서 우뚝 멈춰 섰다. 아무리 2층이라지만, 방정이가 저렇게 있다 떨어져 팔이라도 똑 부러지면 어쩐단 말인가. 숨이 턱턱 막히게 더운 복도가 방정이 때문에 순식간에 얼어붙었다. 피바다가 방정이 쪽으로 조심스레 한 발을 떼어놓았다.

"어어, 어."

지켜보던 반 아이들 입에서 신음 비슷한 소리가 흘러나왔다. 방정이가 목에 핏대를 세우며 고래고래 소리쳤다.

"오지 마욧! 오지 마! 가. 가라고!"

방정이 얼굴이 땀으로 번들거렸다. 피바다는 방정이가 실제로 뛰어내릴 마음이 좁쌀만큼도 없다는 걸 눈치챈 듯 씩 웃었다. 피바다는 거침없이 방정이에게 다가갔다. 세 발짝만 더 가면 방정이는 꼼짝없이 잡힐 것 같았다.

그러나 다음 순간, 방정이가 창밖으로 몸을 날렸다. 아이들 눈앞에서 사라져 버린 것이다.

"악! 악!"

복도는 열일곱 살 남학생들의 새된 비명 소리로 가득 찼다. 전긍이는 목덜미가 뻣뻣해지는 걸 느끼며 창 아래를 내려다보았다. 피바다와 아이들도 갯바위에 붙은 따개비처럼 창문에 다닥다닥 달라붙어 창 아래를 살폈다. 방정이는 한 마리 청솔모처럼 창틀 옆에 설치된 배관을 타고 주르륵 내려가고 있었다. 방정이는 사뿐히 착지한 뒤 운동장을 가로질러 내달렸다. '줄행랑'이라는 단어의 어감이 딱 들어맞는 몸놀림이었다. 운동장에는 안개가 짙게 끼어 있어, 방정이 모습은 곧 안개 속으로 사라졌다. 그러자 피바다가 아이들을 헤치고 중앙 계단으로 재빨리 뛰어 내려갔다.

"와, 재네는 왜 따라가?"

누군가의 목소리에 전궁이는 다시 창밖을 내다보았다. 통과 옥토끼가 방정이가 사라진 방향으로 뛰는 모습이 보였다. 둘은 조금 전 피바다한테 대들다가 벌로 운동장을 뛰던 참이었다. 둘도 방정이를 따라 탈출하는 것 같았다. 삽시간에 통과 옥토끼의 모습도 안개 속에 묻혔다.

이제는 운동장에 피바다가 뛰는 모습이 보였다. 하지만 피바다는 운동장 한복판에서 계란 프라이 노른자 터지듯 철퍼덕하고 넘어졌다. 피바다는 일어나려다가 그대로 쓰러졌다. 다리를 접질린 것 같았다. 피바다는 두 팔로 기어서 아이들을 쫓아가려 했다. 공포 영화에서 본, 텔레비전 밖으로 기어 나오려는 귀신 같았다. 안개가 배경이 되어 피바다가 스멀스멀 기어가는 모습은 섬뜩한 공포 영화 그 자체였다.

그때 여러 장면이 전궁이 머릿속을 빠르게 스쳐 지나갔다. 내일 아침에 엄마 승용차가 교문 안으로 미끄러져 들어오는 장면, 엄마 손에 끌려 차에 타는 장면, 아이들이 특별 대우라며 창밖으로 야유를 보내는 장면…….

나도 저 아이들을 따라 도망칠까? 아니면 내일 스파르타 기숙학원으로 끌려가야 하나? 그때 전궁이 옆으로 별명이 '말포이'인 박천호가 지나갔다. 말포이가 빈정거리는 소리가 전궁이 귀에 꽂혔다.

"방정이 저 새끼, 사회 배려자 주제에 너무 깝치는 거 아냐? 내가 낸 돈으로 급식만 축내는 줄 알았더니 공부까지 축내네? 아이씨, 오늘 진도 못 나가는 거야?"

그 말을 듣자, 전궁이는 가슴 밑바닥이 툭 꺼지는 것 같았다.

'그래, 탈출하자! 기숙 학원도 지옥이겠지만, 여기도 충분히 지옥이야!'

전궁이는 계단을 다급하게 내려갔다. 여전히 못 일어나고 꿈틀대는 피바다를 피해 운동장 가장자리로 뛰었다. 곧 정문을 통과하며 소리쳤다.

"통! 같이 가! 방정아! 옥토끼!"

금방이라도 뒤에서 피바다가 목덜미를 낚아챌 것 같았다. 시내 쪽 인도로 아이들의 실루엣이 어슴푸레 보였다. 전궁이는 그쪽을 향해 전력 질주했다. 심장이 목구멍으로 튀어나올 것 같았다. 수업 시간에 들었던 우심방 우심실이 어디쯤에 붙어 있는지 알 것 같았다. 전궁이는 간신히 아이들을 따라잡았다.

잠시 후, 안개를 뚫고 자동차 헤드라이트가 보였다. 혹시나 피바다가 차를 가지고 쫓아온 게 아닌가 싶어 가슴이 덜컥 내려앉았다. 다행히 안개 속에 드러난 차는 파란색 트럭이었다. 방정이가 도로로 뛰어들어 트럭을 향해 격렬하게 양손을 흔들었다. 전궁이가 방정이를 인도로 잡아끌었다.

"너 왜 그래? 어쩌려구?"

방정이는 펄쩍펄쩍 제자리에서 뛰며 트럭 운전자의 시선을 끌려고 했다.

"이게 빨라. 그냥 걸어서 도망쳤다가는 금방 잡혀."

한 달에 한 번 외출하는 토요일, 아이들이 집에 빨리 가고 싶을 때는 한 시간에 한 대 오는 버스를 기다리다 못해 지나가는 차를 얻어 타는 경우가 종종 있다고 들었다. 전긍이는 늘 엄마 차를 타고 가서 몰랐지만, 그 말이 사실이었나 보다.

전긍이가 미심쩍은 목소리로 말했다.

"세상이 얼마나 위험한데 모르는 차를 타? 그리고 누가 낯선 남자애들을 넷이나 태워 주겠어?"

말이 채 끝나기도 전에 트럭이 끽 소리를 내며 멈추었다. 할아버지가 앞 유리창을 내리며 아이들에게 말했다.

"어? 무진고 학생들이구만. 순천역 가는 길인디, 태워 줘?"

방정이가 얼른 대답했다.

"네."

"타. 그믄 둘은 앞에 타고 둘은 짐칸에 타잉. 꽉 잡으랑께."

전긍이와 방정이는 운전석 옆자리에, 통과 옥토끼는 짐칸에 올라탔다. 할아버지는 몸은 비쩍 말랐는데, 목소리는 카랑카랑했다.

"우리 막내 조카가 무진고 출신인디, 느그 선배 중에 김지석이라고 아냐? 한 이십 년 선배겄지? 지금은 경기도 안양서 검사 하고 있제이."

할아버지는 대답을 기다리는 듯했다. 전긍이는 뒤 유리창으로 누가 쫓아오지는 않는지 살펴보며 대답했다.

"아니요. 몰라요."

"하긴 너무 옛날 선배제? 한때 공부 잘해서 이 순천 바닥에서 이름을 날렸는디 말이여이. 우리 집안이 머리가 좋긴 해. 내가 말이여, 여기 지날 때면 항시 무진고 애들 태워 줘. 앞으로 니들은 큰일 할 애들잉께. 우리 조카 후배기도 하고 말이여잉."

"네."

"인자 느그 방학이제? 느그들 진짜 착허고 선생님들 말 잘 듣게 생겼다. 암, 무진고는 우리 순천의 자랑이제. 선생님들한테 대들거나 학교 뛰쳐나가는 그런 애들 없제?"

전긍이와 방정이는 깜짝 놀라 뜨끔해하는 시선을 교환했다.

"우리 손주 놈도 꼭 무진고에 가야 되는디, 야가 머리는 좋은디 노력을 안 해! 맨날 선생들한테 들이대 쌓고 가출하고, 막 미쳐 분당께. 학생이 학교 뛰쳐나가서 뭐 할 것이 있냐이?"

할아버지는 순천역으로 가는 내내, 고시랑고시랑 손주 얘기를 하며 한탄을 늘어놓았다. 순천역에 도착하자 아이들은 할아버지에게 넙죽 인사를 했다. 할아버지는 "잘 가라잉! 공부 열심히 하고잉."하는 덕담을 해 주고는 순천역 주차장 건너편에 있는 한 농기구 가게로 들어갔다.

갑자기 방정이가 몸을 배배 꼬았다.

"나 화장실."

그러면서 순천역 안으로 뛰어 들어갔다. 통이 방정이 등 뒤에서 방정이를 짓궂게 놀렸다.

"또 과민성 대장 증후군 도진 거야? 야, 똥쟁이!"

전긍이도 방정이를 따라 화장실로 뛰어 들어갔다. 갑자기 소변이 마려워졌기 때문이다. 시험 보기 직전처럼 초조하고 긴장이 됐다.

'엄마한테 잡히면 어떡하지? 이제 어디로 가지?'

소변을 보면서도 전긍이 머릿속에는 불안함이 가득했다. 화장실에서 나오니, 통이 문 앞에서 자신만만한 웃음을 흘리고 있었다. 전긍이는 어쩐지 불안했다.

'재, 저렇게 웃으면 꼭 사고 치던데.'

"짜잔!"

아니나 다를까, 통은 등 뒤에서 열차표 넉 장을 꺼내 부채처럼 펼쳐 보였다. 전긍이는 사태 파악이 되지 않아 눈만 끔뻑거렸다. 대합실에 안내 방송이 울려 퍼졌다.

"잠시 후 우리 역에서 용산, 용산으로 가는 열차가 출발하겠습니다. 타는 곳은 4번 승강장입니다."

"가자. 제일 빠른 열차야. 선생님들이 설마 우리가 순천을 벗어나리라고 상상이나 하겠냐?"

통의 말에 방정이가 펄쩍 뛰었다.

"뭐라고? 서울? 난 일본 갈 건데? 너희도 알잖아. 나 이따 여섯 시에 광양만에서 배 타고 일본 갈 거야."

통이 흥 하고 코웃음을 쳤다.

"방정아, 지금 일본이라고 했어? 네가 그동안 애들한테 하도 떠벌려 놔서 피바다가 광양만으로 너 잡으러 갈걸?"

옥토끼도 거들었다.

"아까 뒤돌아보니까 피바다 발목을 삐었는지 못 일어나더라. 그렇게 잡혀가면 피바다한테 목발로 두들겨 맞겠지."

당황하는 방정이에게 통이 쐐기 박듯 말했다.

"피바다 면회 가시든지. 피바다 깁스 붕대 감아 주고 피바다 한번 만드시든지."

방정이가 냅다 소리를 질렀다.

"몰라, 몰라. 난 일본 갈 거야. 내가 언제 너희 따라오라고 했냐? 내가 일본 가려고 어떻게 돈을 모았는데!"

방정이가 바지 뒷주머니를 더듬다 얼굴이 하얗게 질렸다. 통이 까만색 낡은 인조 가죽 지갑을 흔들었다. 지갑에는 지폐가 꽉꽉 차 있었다.

"혹시 이거 찾냐? 주인 닮아서 투실투실하네."

방정이가 통에게 달려들었다.

"이 표도 내 돈으로 산 거야?"

키 큰 통이 지갑을 머리 위로 높이 들어 올리며 방정이를 약 올렸다.

"아까 트럭에서 내릴 때 내가 접수했지. 잘 들어. 이제 우린 한 몸이야. 네가 이렇게 난리 쳐서 튀는 바람에 우리도 계획 없이 나온 거 아냐. 일단 우리랑 같이 가야겠다. 애들아, 얘 좀 잘 잡아라."

전긍이와 옥토끼는 양쪽에서 방정이 팔을 하나씩 잡았다.

"야, 놔! 놔! 이거 금품 갈취에 납치야."

통은 방정이 뒤에서 방정이 어깨를 옥죄며 개찰구로 이끌었다. 방정이는 계속 몸부림쳤지만 어림없었다.

"야, 놓으라고. 나 일본 갈 거야! 기다려, 피규어들아! 형아가 곧 갈게!"

기차를 타려는 사람들이 방정이 절규하는 소리에 힐끗 시선을 돌렸다가 이내 무심한 표정으로 지나쳐 갔다. 넷은 열차에 올라탔다.

"우리 열차는 곧 순천역을 출발합니다."

안내 방송과 함께 열차 문이 피융, 가벼운 파열음을 내며 닫혔다.

"방정아, 아직도 사태 파악 안 됐어? 순천에 있다간 다 잡혀 가서 여름 방학 내내 학교에 갇혀 있어야 돼! 일본은 무슨……. 지금쯤 학생부장 잠수함이 시내 피시방, 찜질방부터 돌기 시작했을걸? 그리고 광양만으로 너 잡으러 간다니까? 어차피 오늘은 일본 못 간다고!"

열차가 서서히 움직였다. 전긍이는 통이 준 열차표를 보고 자리를 찾았다. 3호차 맨 끝자리였다. 통이 능숙하게 2인용 의자를 뒤로 돌렸다. 네 명이 마주 보고 앉게 되었다. 통은 계속 방정이를 구슬렸다.

"방정아, 서울 구경 좀 하고 나서 일본 가면 되잖아. 그때까지만 같이 가자."

통의 말에 방정이가 어깨를 축 늘어뜨렸다. 열차가 출발한 상황에서 이제는 방법이 없다고 체념한 것 같았다.

"알았어. 서울 갈게. 지갑이나 돌려줘."

"안 돼. 서울 가면 줄 거야."

전긍이는 이 모든 상황이 불안해서 견딜 수가 없었다. 순간의 감정으로 뛰쳐나오긴 했지만, 서울로 가는 열차에 탈 줄은 몰랐다. 전긍이는 뒤숭숭한 마음으로 창밖을 내다보다가 놀라운 광경을 보게 되었다. 열차 밖으로 학생 부장 잠수함의 뒷모습을 본 것이었다. 잠수함은 키가 작은 학생 부장이 돌아다닐 때 창문에 머리만 왔다 갔다 한다고 해서 붙은 별명이었다. 다른 아이들도 잠수함을 발견했다. 잠수함은 개찰구를 향해 뛰고 있었다.

"어? 어떻게 알고 왔지? 열차 세우러 가나? 경찰 불러오려나? 촉 진짜 좋은데?"

방정이는 이렇게 말하며 오른손을 주먹 쥐어 머리 위에 올리고 잠수함이 바닷속으로 가라앉는 시늉을 하며 혓바닥을 쏙 내밀었다. 곧 열차 속도가 빨라져 잠수함의 모습은 작은 점으로 보였다.

"잠수함이 우리 본 것 같아. 이러다 잡히는 거 아냐?"

전긍이는 손톱을 잘근잘근 씹으며 아이들을 둘러보았다. 그러고 보니 함께 탈출한 세 명은 전긍이와 기숙사 같은 방을 쓰는 룸메이트 1호, 2호, 3호였다.

"신경 꺼. 잡을 테면 잡아 보라지."

옥토끼는 이 사태를 꼭 남의 일처럼 말했다. 옥토끼. 룸메이트 1호. 본명은 옥한결. 아버지가 역전 시장에서 '달나라 옥토끼 떡

집'을 해서 어릴 때부터 별명이 옥토끼였다. 체구가 중학생처럼 자그마하고 피부색이 하얗다. 커다란 앞니가 앞으로 툭 튀어나오고 귀도 큰 편이어서 옥토끼라는 별명이 그럭저럭 어울렸다.

"옥토끼, 넌 학교에서 왜 나왔어? '틴틴 래퍼' 예선 통과했다더니, 설마 본선 보러 나온 거야? 그거 이번 주 토요일이잖아? 왜 이렇게 일찍 나왔어?"

옥토끼 표정이 싸늘했다.

"어차피 자퇴하려고 했는데 차라리 잘됐어. 학교에서 의미 없이 시간 보내는 것도 지겨워. 난 래퍼 될 건데 너무 쓸데없는 것만 배우잖아. 정말 한 학기 동안 꾹 참느라 터지는 줄 알았어. 원래 쉬기로 한 날에도 보충 수업 한다니까 진짜 폭발한 거지."

전긍이는 깜짝 놀랐다. 옥토끼가 작년부터 랩에 푹 빠져 산 것은 알았다. 그때는 그저 취미구나 싶었다. 그런데 난데없이 자퇴라니?

"자퇴한다고? 왜?"

"그냥 음악이 내 길인 것 같아. 사람들이 그러잖아. 좋아하는 일 하면서 살아야 된다고."

"야! 그래도 고등학교는 나와야지. 요새는 대학 나와도 살기 힘들다던데, 고등학교도 안 나와서 너 어떻게 살려고 그래? 너도 참 철없……."

전긍이 말이 끝나기도 전에 옥토끼가 말을 싹둑 잘랐다.

"어차피 너희는 날 이해 못해. 너희도 다른 사람들이랑 똑같아."

방정이가 빈정거렸다.

"이게 무슨 만성 중2병 환자 같은 소리야?"

그 말에 옥토끼는 만사 귀찮다는 표정을 지었다. 바지 주머니에서 구식 휴대폰을 꺼내 이어폰을 연결하고는 양쪽 귀에 꽂았다. 옥토끼는 팔짱을 끼고 의자 안으로 몸을 구겨 넣었다. 달팽이집에 몸을 감춘 달팽이처럼 자기만의 세계로 쏙 들어가 버렸다.

"방정아, 우리 귀여운 옥토끼한테 뭐라고 하지 마."

전긍이는 옥토끼를 감싸고도는 룸메이트 2호 통을 심란한 눈빛으로 바라보았다. 녀석은 러닝셔츠에 체육복 반바지 차림이었다. 통의 본명은 남준석. 180센티미터가 넘는 키에 온몸이 근육질이었다. 얼굴이 약간 각진 데다 매부리코였고, 눈매가 날카로웠다. 처음 만났을 때 좀 무서워 보여서 존댓말이 나올 뻔했다. 머리를 박박 밀었는데, 오른쪽 옆머리에 5센티미터쯤 한일자로 그어진 상처가 있었다. 자기 말로는 중학교 때 벌교 애들이랑 17 대 1로 싸우다가 생긴 상처라고 주장했지만 믿거나 말거나였다. 어쨌든 그 상처 때문에 별명이 '돼지 저금통'이 되었고, 아이들은 줄여서 그냥 '통'이라고 불렀다.

전긍이가 물었다.

"통, 넌 왜 나왔어?"

"아까 피바다 얘기 들었지? 그게 학교냐? 게다가 들어오는 선생님마다 나 공부 못한다고 무시하잖아. 이 학교는 공부 못하면 아주 사람 취급을 안 해."

통은 울분에 찬 듯 전궁이와 방정이가 머리를 대고 있는 의자 등받이에 주먹을 날렸다. 전궁이가 움찔했다. 맨 끝자리라 뒤에 다른 승객이 없어서 다행이었다.

"그리고 우리 옥토끼를 어떻게 혼자 서울에 보내냐? 내가 보호자 겸 데리고 다녀야지. 잘됐어. 어차피 나도 수빈이 보러 서울 가려고 했거든. 인생은 타이밍이야. 내 감이 그래. 이번 방학에 고백 못하면 수빈이 놓칠 것 같아."

조금 전에 버럭 성질내던 그 사람이 맞나 싶을 만큼, 통은 실성한 것처럼 실실 웃어 댔다. 그러고는 전궁이 어깨를 툭툭 쳤다.

"앗, 하지 마!"

통은 말할 때 꼭 사람을 장난으로 툭툭 치는 못된 버릇이 있었다. 통은 장난으로 그러지만, 맞는 전궁이는 정말 아팠다.

방정이가 히죽 웃었다.

"수빈이는 이제 너 잊었을걸? 강남 유명 기획사 연습생이라며? 걔가 뭐가 아쉬워서 너처럼 시골 구석탱이에 처박힌 전교 꼴찌랑 놀겠냐?"

"그건 네가 우리 사이를 몰라서 그래. 우리는 엄마들 배 속에 있을 때부터 친구였어. 수빈이 작년에 오디션 프로그램 나가서 합숙하느라 힘들 때도 나한테 맨날 전화하고 의지했거든?"

"그럼 진작 사귀지 그랬어."

방정이 말에 통이 아쉬운 표정으로 말했다.

"그때는 내가 걔를 좋아하는 걸 몰랐지. 내 마음을 내가 몰랐다는 게 참 말도 안 되긴 하지만, 암튼 그랬어. 걔가 기획사 들어갈 때까지만 해도 그냥 친구였어. 근데 요즘엔 걔만 생각하면 너무 보고 싶은 거야. 잠이 안 와. 하아."

"거짓말. 코 골면서 잠만 잘 자더구만."

방정이가 히죽거리며 놀리는데도 통은 결연한 눈빛으로 말했다.

"난 오늘 나오지 않았더라도 옥토끼 오디션도 가고, 수빈이도 만나러 서울 가려고 했어. 만나면 고백할 거야. 최고의 여자를 사귀려면 이 정도는 해야지. 암, 사랑은 쟁취하는 거지."

그 말에 방정이가 깐족거렸다.

"작년에 수빈이 나온 오디션 프로그램 보니까, 솔직히 수빈이가 막 소름 끼치게 예쁘지는 않더라. 아이돌 되더라도 예능 담당 아닐까? 수빈이 같은 애들이 팀 띄우면, 결국 다른 예쁜 애들이 뜨겠지."

통이 방정이 멱살을 잡았다.

"뭐라고? 이 자식이 어디서 막말이야?"

"놔, 놔! 알았어."

방정이는 통의 손아귀에서 간신히 풀려나 캑캑거렸다. 전궁이는 한심한 눈으로 룸메이트 3호 방정이를 바라보았다. 방정이. 본명 나힘찬. 그냥 하는 짓이 방정맞아서 다들 그렇게 불렀다. 전궁이는 알고 있다. 아까 방정이가 학교를 탈출한 건 치밀한 계획을 세워서 한 일이 아니라는 사실을. 아마 그 행동은 바로 눈앞에 닥친 상황만을 피하기 위한 반사적인 행동이었을 것이다. 마치

공이 날아올 때 본능적으로 공을 피해 눈을 감는 것처럼 말이다. 방정이는 하는 짓이 늘 그랬다. 초딩 같은 행동만 골라서 했다.

방정이가 신고 있는 저 형광주황색 운동화만 봐도 그렇다. 열일곱 살 남자애에게 도무지 어울리지 않는 색깔은 그렇다 치더라도, 신발 옆면에 그려진 흉측한 검은색 몬스터는 정말 꿈에 나올까 봐 무서울 지경이었다. 우리나라 운동화 회사와 일본의 한 애니메이션 회사가 컬래버레이션해서 만든 운동화라고 했다. 국내에 몇 개 없는 한정판이라며 애지중지했는데, 급기야 그 신발을 신어야 그림의 영감이 떠오른다면서 잠잘 때만 운동화를 벗었다. 지독한 발 냄새는 덤이었다.

"아까 뛰어서 그런지 발바닥이 뜨겁네."

방정이가 불길한 말을 했다. 통이 방정이 팔뚝을 쳤다.

"운동화 벗지 마! 죽는다!"

"진짜 벗지 마!"

전긍이의 애원에도 방정이가 실실 웃으며 운동화를 벗었다. 아! 마성의 발 냄새! 고릿한 냄새가 빠르게 분자 운동을 하며 코 점막을 사정없이 두들겨 패듯 공격했다. 머리가 아프고 어질어질해졌다. 군대 가면 화생방 훈련을 한다는데, 이보다 더할까 싶었다.

"아, 시원해. 이건 보너스!"

방정이는 양말을 벗어서 공처럼 뭉쳐 전긍이에게 던졌다. 그와 동시에 발가락을 쫙 펴서 기겁하는 전긍이 얼굴에 갖다 댔다. 정말 변태 같았다.

방정이는 이제 열차에서 내려야겠다는 생각을 완전히 버린 듯했다. 전긍이가 보기에 방정이는 상황 전환이 참 빠른 아이 같았다. 방정이는 전긍이에게 윙크를 날렸다.

“이왕 이렇게 된 거, 서울에서 일본 가지 뭐. 우히히히! 내가 일본 덕질 여행 가서 해리포터 젤리를 꼭 사 오마. 거기 귓밥 맛 젤리는 꼭 너 줄게. 해리포터 버터 맥주도 먹어 보고, 건담도 사 와야지. 아, 가슴이 뛴다.”

역시나 딱 방정이다운 말을 했다. 저 말은 백 번쯤 들은 것 같다. 통이 방정이의 지갑을 들고 흔들었다.

“이 많은 돈을 교실에서 모았다면 아무도 못 믿을 거야. 그치?”

그렇다. 방정이는 일본 여행비로 쓸 저 많은 돈을 한 학기 동안 학교에서 모았다. 방정이는 그림을 잘 그렸는데, 반 아이들에게 ‘이상형 여자’ 그림을 그려 주고 돈을 받았다. 일론 머스크라는 사람은 조만간 화성 여행까지 계획하고 있다는 요즘 세상에 여자 그림을 그려 주고 돈을 벌다니, 이게 무슨 석기 시대인들 돌가는 소리냐는 말이다. 하지만 이건 무진고의 특수성을 알아야만 이해할 수 있는 상황이었다.

무진고 정문을 나서면 가장 먼저 만나는 것은 안개, 갈대, 논밭, 그리고 순천만의 새 떼였다. 피시방이나 노래방을 가려면 한 시간은 가야 했다. 게다가 휴대폰은 아예 소지 금지나 다름없었다. 휴대폰을 들고 와도 바로 사감 선생님에게 맡겨야 했다. 이 휴대폰은 집에 갈 때만 찾아갈 수 있었다. 몰래 휴대폰을 쓰다가

세 번 걸리면 퇴학이었다.

음악을 들어야 하는 옥토끼는 박물관에서 수집할 것 같은 고전적인 공기계 휴대폰을 이용했다. 담임은 옥토끼에게 전화도 안 되고 스마트폰 기능도 전혀 없는 구식 휴대폰을 겨우 허락해 주었다. 아이들은 매일 아침 6시에 일어나 밤 11시까지 삼엄한 감시 속에서 오직 공부만 해야 했다. 집에 가는 것도 한 달에 한 번만 가능했다. 평상 시 외출은 금지. 무단 외출을 세 번 걸리면 역시 퇴학이었다. 한 달에 한 번, 집에 갈 때만 문명 세계를 만날 수 있었다.

방정이는 이런 문명과 비문명 세계의 틈을 이용해 반 친구들의 코 묻은 돈을 긁어모았다. 아이들에게 '철저한 고객 맞춤형'으로 이상형을 그려 준 것이다. 그 이상형이라는 게 대부분 게임 속 캐릭터로 모아지긴 했지만 말이다. 통에게 그려 준 조각달에 걸터앉은 초록 머리 여전사 그림은 꽤 그럴듯했다. 전공이도 어쩌다 책상에 붙여 놓고 싶을 때가 있었지만, 그러면 자기도 이상한 애가 될 것 같아서 참았다.

전공이는 열차 객실 천장에 달린 텔레비전으로 시간을 확인했다. 오후 3시.

모든 사건의 발단은 점심시간 때였다. 5교시 시작종이 울리기 직전, 방정이는 일본 여행 전 마지막 영업을 했다. 방정이는 "일본 가서 초밥 한 개 더 먹으려면 쉬지 않고 일해야지. 야, 누구 그림 필요한 사람 없냐?"고 했다. 그러고는 곧 별명이 두더지인 손민수에게 그림 의뢰를 받았다.

"너 혹시 페잘 님 아니?"

두더지는 두통약 이름과 비슷한 '페잘'이라는 희한한 이름의 캐릭터를 그려 달라고 했다. 인디 게임에 나오는 캐릭터라고 했다.

"아, 걔? 보라색 머리? 몬스터 때려잡는 애? 내가 잘 알지."

방정이는 그 캐릭터를 마치 날마다 떡볶이를 사이좋게 나누어 먹던 중학교 동창처럼 이야기했다. 돈 5천 원을 받고 그림을 그려 주겠다고 했다. 그 그림이 이 가출의 도화선이 될 줄은 그때는 아무도 몰랐다.

5교시 시작종이 울리자, 피바다가 흥분한 낯빛으로 교실에 성큼성큼 들어왔다. 그러잖아도 보랏빛 도는 불그죽죽한 얼굴이 꼭 불타는 고구마처럼 달아올라 있었다. 피바다는 전궁이네 반 담임의 별명이었다. 본명은 피정훈. 40대 후반의 남자 선생님인데, 교사라기보다는 강력계 형사처럼 생겼다. 짧은 스포츠머리에 몸통이 교실 문짝만큼 컸다. 교실로 들어올 때 한쪽 어깨를 먼저 넣고 들어와야 다른 쪽 어깨가 문에 걸리지 않을 정도로 거구였다. 전궁이는 피바다를 슬쩍 보기만 해도 팔뚝에 까슬까슬 소름이 돋았다.

피바다가 교탁을 쾅 내리쳤다.

"올해 신입생들, 너희는 우리 무진고등학교 50년 역사에 먹칠을 한 녀석들이다! 우리 반에서 특별반 들어가는 사람이 나힘찬과 박천호밖에 없다. 이게 말이 되는 일이냐?"

특별반은 전교 30등까지만 들어가는 심화 자습반이었다. 전긍이는 말포이가 방정이를 노려보는 것을 보았다. 하긴 방정이 때문에 말포이가 만년 2등을 하니까 방정이가 밉기도 했을 것이다. 피바다는 얼마 전에 치른 모의고사에서 1학년들이 역대 선배들의 10분의 1도 못 따라가는 성적표를 받았다고 했다. 피바다는 울분을 참는 듯 주먹을 꽉 쥐었다. 이마에 푸른 핏줄이 불룩불룩 솟았다. 바늘로 찌르면 톡 터질 것 같았다.

"방금 긴급 대책 회의를 열었다. 첫째, 내일부터 2주간 예정되었던 방학은 없다. 바로 내일부터 보충 수업과 자습 시작이다. 둘째, 농구대와 축구 골대를 뽑아 없애기로 했다. 너희는 개교 이래 가장 많이 나가 노는 애들이다. 너희, 농구나 하고 축구나 하러 무진고에 왔나? 셋째, 여름 방학 때 외출 없다. 보충 수업은 당연히 전원 신청해야……."

그 얘기에 누가 의자를 박차고 일어났다. 통이었다. 통의 얼굴이 피바다 못지않게 시뻘겠다.

"쌤! 그건 아니죠! 입학할 때 방학하고 나서 이주일은 분명히 쉰다고 하셨잖아요. 보충 수업 없다고 하셨잖아요! 왜 느닷없이 내일부터 보충 수업입니까? 그리고 농구대랑 축구 골대를 왜 뽑아요? 개네가 잡초입니까? 막 뽑게?"

피바다가 부리부리한 두 눈을 부릅떴다.

"지금 내 말에 토 달았나? 남준석. 미달로 우리 학교 문 닫고 들어온 놈. 반에서 꼴찌, 전교에서 꼴찌. 나 같으면 방학 때 쉬라고 해도 알아서 공부하러 나오겠다. 앉아. 어디서 내 말 자르고 지랄이야!"

남극 세종 기지 앞에서 1박 2일 텐트를 치고 잔들 이보다 더 추울 수 있을까 싶은 분위기가 되었다.

그때 옥토끼가 손을 번쩍 들었다.

"저기요."

옥토끼의 불만 섞인 목소리에 전궁이는 화들짝 놀랐다. 그건 교실의 팽팽한 긴장감을 한 번에 쭉 찢어 버리는 도발, 그 자체였다. 피바다가 어이없다는 듯 옥토끼를 바라보았다.

"넌 또 뭐야?"

"개인적인 사정으로 보충 수업에 참여할 수 없는 사람은 안 해도 되는 거죠?"

그 말에 피바다의 미간에 굵은 주름 두 개가 잡혔다.

"옥한결! 들어올 때는 상위권이었는데, 지금은 성적이 바닥이다. 도대체 요즘 무슨 짓을 하고 다니지? 지금 딴 데 한눈팔 때야? 뭐? 개인적인 사정?"

"보충 수업보다 더 중요한 일이 있을 수도 있잖아요."

옥토끼가 지지 않고 눈을 위로 치켜뜨며 대꾸했다. '틴틴 래퍼'에 나가야 하는데, 꼼짝없이 학교에 잡혀 있어야 할까 봐 걱정이 되었나 보다.

그 말에 피바다가 목덜미를 잡으며 분노의 숨을 거칠게 몰아쉬었다.

"고등학생들한테 성적보다 더 중요한 일이 어디 있어? 그리고 이것들이 쌍으로 나한테 대들어? 너희 둘, 방학 때도 특별 관리해 주겠다. 너희는 지금 내 수업을 들을 자격이 없다. 당장 운동장 50바퀴 뛰고 온다. 실시!"

통과 옥토끼는 의자를 박차고 운동장으로 나갔다. 그렇게 분위기가 살벌한데도 방정이는 스케치북에 열심히 두더지의 여신을 그리고 있었다.

피바다는 교과서를 펴라고 하더니 여느 때처럼 이 말만 반복했다.

"자, 빨간색으로 밑줄 그어. 그 밑에 빨간 줄 긋고 그 밑에서 빨간 줄! 다시 빨간 줄! 자, 이제 외워! 내가 물어봐서 못 외우는 놈들은 운동장 돌린다."

전궁이 과학책은 금세 빨간 줄이 죽죽 그어진 피바다가 되었다. 그게 담임의 별명이 피바다가 된 이유이기도 했다. 교과서 내용을 외우려고 기를 쓰고 있는 전궁이 위로 검은 그림자가 다가왔다.

전궁이는 기겁을 하고 위쪽을 올려다보았다. 피바다의 싸늘한 시선이 전궁이 옆자리의 방정이를 향해 있었다. 아무것도 모르는 방정이는 입을 비쭉 내밀고 심혈을 기울여 여신의 머리카락을 보라색 펜으로 한 올 한 올 색칠하고 있었다.

전궁이가 이 사실을 어떻게 방정이한테 알려야 할지 망설이는 사이, 피바다가 방정이의 스케치북을 낚아챘다.

"앗, 안 돼요! 그거 제 포트폴리오란 말예요."

방정이의 울부짖음에도 아랑곳 않고, 피바다는 스케치북을 넘기며 그림을 살펴보았다. 거기에는 무진고 남자 선생님들 전부에게 여성 수영복을 입힌 캐릭터 그림도 있었다. 피바다의 손이 부르르 떨렸다. 그러더니 곧 우악스럽게 방정이의 스케치북을 찢으려 했다.

그러자 놀라운 일이 벌어졌다. 방정이가 피바다를 있는 힘껏 밀친 것이었다. 피바다가 책상 사이로 넘어져 엉덩방아를 찧는, 눈으로 보고도 믿지 못할 일이었다. 그 틈에 방정이가 스케치북을 들고 복도로 튀어나갔다. 팝콘 기계에서 옥수수 알갱이가 타다닥 터지는 순간만큼이나 삽시간에 벌어진 일이었다. 방정이는 복도 끝으로 가서 기숙사 생활관으로 연결된 문을 열려고 했다. 그런데 문이 잠겨 열리지 않자 잠시 두리번거리다가 얼떨결에 창틀에 올라선 것이었다.

방정이는 피바다한테 혼날 게 무섭고 귀찮아서 일단 피하고 싶었다. 그래서 배관을 타고 1층에 도달했다. 막상 발바닥이 땅에 닿자, 그냥 도망치기로 결심했다. 이대로 피바다에게 잡힌다면 기숙사에 갇혀 일본 갈 기회를 영영 놓칠지 몰랐다.

그때 옥토끼와 통은 투덜거리며 운동장을 뛰고 있었다. 방정이가 아이들 곁을 스치며 소리쳤다.

"나 일본 간다!"

그리고 곧이어 피바다가 몽둥이를 들고 쫓아왔다. 뒤를 살짝 돌아본 통이 옥토끼에게 말했다.

"옥토끼, 우리도 지금 그냥 나갈까?"

"그러자. 지금 아니면 못 나갈 것 같아."

그 모습을 보고 전긍이도 뛰쳐나온 것이었다.

전긍이는 태어나 처음으로 일탈이라는 걸 해 본 탓에 기차 바퀴 구르는 소리를 따라 심장이 두근두근 심하게 뛰었고, 얼굴은 점점 하얗게 질려갔다.

"우리 이러다가 장기 밀매단에 팔려 가서 장기 털리는 거 아냐? 아니면 사이코 연쇄 살인마한테 쥐도 새도 모르게 당하는 거 아냐?"

방정이가 그런 전긍이를 비웃었다.

"넌 너무 비관적이야. 입방정 좀 떨지 마. 헤헤, 서울 가면 길거리에 연예인들이 막 돌아다닌다며? 연예인 만나서 우리도 텔레비전에 나오는 거 아냐?"

갑자기 나오는 바람에 수중에 돈이 없다는 사실도 전긍이는 마음에 걸렸다.

"우리 돈도 얼마 없잖아."

방정이가 전긍이에게 윙크를 날렸다.

"이런 말이 있어. '여행은 언제나 용기의 문제이지, 돈의 문제가 아니다.' 소설가 파울루 코엘루 형님이 하신 말씀이지."

전궁이는 그 말을 듣자 더 불안해졌다. 돈이 있어야 여행을 하지, 무슨 놈의 용기로 여행을 한단 말인가? 이렇게 전궁이가 불안해하거나 말거나 옥토끼는 혼자 음악을 들었고, 방정이와 통은 열차가 떠나가라 떠들어 댔다.

"도쿄 오다이바에 가면 그렇게 맛있는 라멘 집이 있대."

"수빈이 볼에 보조개 들어가거든. 그게 엄청 귀여워."

방정이는 일본 여행 얘기만 했고, 통은 수빈이 얘기만 쉬지 않고 늘어놓았다. 둘은 즐거워하며 각자의 독백으로 대화를 채워 나갔다. 말로만 듣던 부조리 연극을 보는 것 같았다. 전궁이는 이런 녀석들을 따라가는 게 참 대책 없어 보였다. 그렇다고 혼자서 돌아갈 수도 없었다. 전궁이는 이러지도 저러지도 못하는 자신의 처지가 한탄스러웠다.

전궁이의 극도의 불안, 통과 방정이의 대책 없는 희망, 옥토끼의 이해받지 못한 자의 고독 속에서 열차가 용산역에 도착했다. 열차에서 내리자 후끈한 열기가 전궁이를 덮쳤다. 전궁이는 긴장이 풀려 다리가 후들거렸다.

땀이 식어 옷에서 시금털털한 걸레 냄새가 났다. 흙먼지 이는 운동장을 가로질러 뛰어서인지 다들 얼굴에서 땟물이 줄줄 흘렀다. 넷 다 꾀죄죄했다. 전철 역사로 나오자 통이 역 구내 상가 한쪽에 있는 옷 가게로 아이들을 데리고 갔다.

"옷 좀 사자. 이 꼴로 돌아다니는 건 아닌 것 같다."

방정이가 도끼눈을 떴다.

"야, 얼른 지갑이나 돌려줘. 왜 내 돈을 네 맘대로 써?"

"방정아, 너 이 촌스런 교복 입고 일본 갈 거야? 그건 일본에 대한 예의가 아니지. 네가 우리 옷 안 사 주면, 교복 다 벗고 팬티만 입고 돌아다닐 거야. 그리고 너랑 팔짱 끼고 다닐 거야."

"뭐, 그래라. 난 괜찮아. 난 지갑 받아서 이제 너희랑 헤어질래."

그러나 통은 억지로 방정이를 끌고 매장 안으로 들어갔다. 방정이는 가격표를 보더니 마음을 놓은 듯했다. 티셔츠 한 벌이 삼천 원밖에 안 했다. 방정이가 선심 쓰듯 아이들에게 옷을 고르라고 했다. 아이들이 취향대로 옷을 골랐다. 그림을 천 장은 팔아치웠는지, 지갑에서 지폐가 계속 나왔다. 아이들이 옷을 다 갈아입자, 통이 눈에 힘을 잔뜩 주었다.

"서울 하면 홍대지."

아이들은 홀린 듯 통의 말을 듣기로 했다. 통은 교실에서는 조류 인플루엔자에 걸린 새처럼 내내 엎드려 자기만 했는데, 밖에서는 카리스마가 넘쳐흘렀다. 방정이도 기대에 찬 눈빛을 보냈다.

"그럼 나, 딱 홍대 구경만 하고 갈래. 홍대는 진짜 궁금하네, 우히히히."

전철을 타자, 통이 자신 있게 말했다.

"우린 절대 안 끌려가. 왜냐? 휴대폰이 없잖아. 영화 보면 휴대폰으로 위치 추적하고 그러잖아. 어차피 옥토끼 저 공기계야 휴대폰이라 할 수 없는 유물이지."

전궁이는 그동안 휴대폰을 반납하고 살던 것에 처음으로 감사한 마음을 느꼈다. 월요일 저녁인데도 홍대 입구는 서울 사람들 여기 다 있나? 싶을 정도로 붐볐다. 늘 칙칙한 무진고 애들만 보다가 세련되게 차려입은 사람들을 구경하니 신기했다.

아이들은 홍대 앞 놀이터로 갔다. 홍대 정문이 환한 불빛을 비추며 아이들을 반겨 주는 듯했다. 그 광경을 보자 서울에 왔다는 게 더욱 실감 났다.

옥토끼가 이 순간을 벼른 듯 말했다.

"나 사이퍼 대결 좀 하고 올게."

통이 옥토끼에게 일렀다.

"그럼 두 시간 뒤에 여기 놀이터에서 다시 만나."

옥토끼는 금세 사람들 사이로 사라졌다. 통은 그제야 방정이에게 지갑을 넘겼다. 아이들은 현란한 거리 풍경에서 눈을 떼지 못했다. 홍대는 신세계였다. 카페만 해도 방탈출 카페, 낚시 카페, 반지 만들기 카페, 다락방 카페 등 다양했다. 방정이의 온몸에서 아드레날린이 뿜뿜 분비되는 게 눈으로 보이는 것 같았다.

방정이가 들뜬 목소리로 말했다.

"오호! 여기도 신기한 게 많은데 일본 가면 더 신기한 게 많겠지? 우리 어디 가 볼까?"

전궁이는 낯선 도시에서 혹시나 이상한 일에 휩쓸리지는 않을지 덜컥 걱정이 되었다. 하지만 별 도리가 없었기에, 그냥 통 곁에 바싹 붙었다.

아이들은 사람들이 줄 서서 기다려 먹는 돈가스 맛집에도 가고, 동전 노래방에도 가고, 가상 체험을 할 수 있는 가상 현실 카페에도 갔다. 그렇게 가출 첫날의 저녁 시간이 쏜살같이 흘러갔다.

두 시간 뒤, 아이들은 홍대 앞 놀이터에서 다시 만났다. 옥토끼 얼굴이 어쩐지 침울했다. 그런 걸 알아챌 리 없는 통이 말했다.

"오늘 잘 데를 찾자. 찜질방 오케이? 남자 넷이 모텔에 갈 수는 없잖아."

통의 말에 방정이가 토하는 시늉을 했다. 마침 길 건너편에 '파라다이스 찜질방'이 눈에 들어왔다. 전긍이는 잠잘 곳을 찾자는 말을 들으니 갑자기 피곤이 몰려왔다. 온몸이 엿처럼 끈적거려 얼른 씻고 싶었다. 아이들은 찜질방 입구로 들어갔다.

통이 매표소 아줌마에게 말했다.

"남자 넷이요. 방정아, 돈 내."

방정이가 뒷주머니에서 지갑을 꺼내려다 외마디 소리를 질렀다.

"앗!"

"왜?"

"지갑이 없어! 통, 네가 가져갔어?"

"아니!"

"어디에 흘렸나?"

아까 가상 현실 카페에서 나올 때까지만 해도 분명히 지갑이 있었다. 나오면서 카페 입구 자판기에서 음료수를 뽑았기 때문에 전궁이는 확실히 기억했다. 전궁이와 아이들은 카페부터 놀이터까지 세 번이나 오가며 거리를 샅샅이 뒤졌다. 하지만 끝내 지갑을 찾지 못했다. 방정이는 넋 나간 듯 입을 멍하니 벌렸다.

"일본 가야 되는데, 어떡하지?"

전궁이도 맥이 풀렸다. 지갑이 없어졌다니 눈앞이 깜깜해졌다. 전궁이가 탄식하듯 말했다.

"아, 이제 어쩌지? 그냥 돌아가야 되나?"

방정이가 톡 쏘아붙였다.

"돈이 없는데 어떻게 가?"

통이 주위를 둘러보았다.

"어쩔 수 없지. 이게 다 가출의 멋 아니냐? 씻는 거야 뭐, 저기 공원 화장실도 있고. 잠은 지하철역에서 자도 되잖아. 오늘은 여기 놀이터에서 자자. 저쪽에서 기타도 튕겨 주고 낭만적이네."

그 말에 방정이가 통의 어깨를 거칠게 떠밀었다.

"낭만? 야, 이 새끼야! 지금 농담할 상황이야? 이게 다 너 때문 아냐? 네가 서울로 오자고 해서 이렇게 된 거잖아!"

통이 비틀거리며 밀려났다. 방정이가 다시 통에게 달려들자, 통이 귀찮다는 듯 방정이 손을 탁 뿌리쳤다.

"저리 비켜. 나도 짜증 나."

방정이가 눈을 부라렸다.

"뭐? 짜증 나? 이 새끼 양심에 털 난 거 보소."

통도 못 참겠다는 듯 소리를 질렀다.

"야, 딱 까놓고 말해서 피바다 자빠뜨리고 내뺀 게 누군데?"

"내가 너희 나오라고 시켰냐? 너희가 나왔지! 너희 아니었음 지금쯤 나 혼자 잘 먹고 잘 살고 있을 거 아냐?"

전긍이는 두 고래들 사이에서 등이 터질 것 같은 새우의 심정이었다. 하지만 눈을 질끈 감고, 재빨리 둘 사이에 끼어들었다.

"그만해! 옥토끼, 얘 말려!"

옥토끼가 가냘픈 몸으로 방정이를 막아섰다. 방정이가 통에게 주먹을 날렸다. 통을 막아서고 있던 전긍이가 그 주먹에 맞았다. 전긍이는 아픔을 느낄 새도 없이 간신히 둘을 떼어 놓았다. 전긍이는 씩씩거리는 방정이를 공원 화장실 옆으로 데리고 갔다.

'아, 짐승들. 열일곱 살이나 먹은 것들이 아직도 질풍노도 시기인 줄 아네. 이제 어떡하지?'

전긍이는 재빨리 머리를 굴렸다. 돈도 한 푼 없는 상황에서 둘이 싸운다면?

전긍이는 지금 집에 돌아가면 답이 없었다. 꼼짝없이 기숙 학원으로 끌려갈 것이다. 거기는 절대 가고 싶지 않았다. 엄마의 잔소리 공격을 감당할 자신도 없었다. 그렇게 되지 않으려면 넷이 꼭 붙어 있어야 했다. 넷이 있으면 어떻게든 버틸 방법이 나오지 않을까? 이렇게 한 명 한 명 싸우다가 넷이 다 흩어져 버리면 결국 혼자가 될지도 몰랐다. 그건 상상만 해도 끔찍한 일이었다.

"방정아! 통이 원래 생각이 없잖아. 날 봐서 참아라."

"봐, 봐. 저 새끼 말하는 게 웃기잖아. 왜 내 앞길 막아 놓고 자기가 큰소리인데?"

방정이가 통에게 다시 달려들려고 했다. 전긍이는 자기가 지을 수 있는 가장 불쌍한 표정으로 말했다.

"방정아, 내가 통을 어떻게 믿냐? 나는 너 믿고 따라온 거야."

이 말을 하면서 전긍이는 손발이 오그라드는 것 같았지만 꾹 참았다.

"네가 아까 그랬잖아. 여행은 용기의 문제지 돈의 문제가 아니라고."

방정이가 피식 웃었다.

"야, 인마. 그게 아니지. 여행은 돈의 문제지. 돈 없으면 어떻게 여행하냐? 암튼 넌 너무 멍청해."

"야, 너 웃었다? 그치? 그치?"

전긍이는 남중, 남고를 다니면서 이 한 가지는 확실히 알고 있었다. 남자들 싸움에서는 둘 중 하나가 나오면 끝이라는 걸 말이다. 바로 피 아니면 웃음.

방정이는 못 이기는 척 전긍이 팔에 이끌려 갔다. 통과 옥토끼는 벌써 놀이터 구석의 벤치 두 개를 잡아 놓고 멍하니 앉아 있었다. 통은 신문지까지 주워 놓았다. 막상 이런 곳에서 자려니 왜 인류의 조상님들이 움집이라도 지어서 지붕을 만들었는지 알 것 같았다. 뻥 뚫린 하늘을 지붕 삼아 눕는 것은 생각만으로도 심란한 일이었다. 통이 방정이를 보더니 말없이 일어났다.

통이 입을 열었다.

"방정아, 진짜 미안해. 다 내 잘못이다."

방정이는 그 말에 마음이 조금 누그러진 듯했다. 통이 미안한 표정으로 말을 이었다.

"내가 방정이 너는 무조건 일본 보내고, 옥토끼 너는 '틴틴 래퍼' 본선 보낸다. 그리고 전긍이 너는 내가 먹여 살린다. 그러니 일단 자."

전긍이는 의심스러웠다. 정말 전교 꼴찌 통이 하는 말을 믿어도 될까?

"무슨 수로?"

통이 자신만만하게 말했다.

"다 방법이 있어. 내가 한다면 하잖아. 일단 오늘은 여기서 자. 전긍이랑 옥토끼, 너흰 예민하니까 특별히 벤치를 허락한다. 방정아, 우리는 그냥 바닥에서 자자."

전긍이는 딱딱한 벤치에 드러누웠다. 벌써 허리가 결려 오려고 했다. 옆 벤치에 누운 옥토끼가 말했다.

"통, 너 설마 우리 책임지겠다는 게 가출 팸 구하고 그런 건 아니겠지? 거기 들어가는 순간 범죄에 연루된대."

"내가 왜 가출 팸을 구하냐? 우리가 돌아갈 데가 없는 것도 아닌데……. 여기까지 왔는데 그냥 들어가기 아쉽잖아. 그냥 보충 수업 끝날 때까지만 콧바람 쐬고 놀다 들어가자. 다 방법이 있다니까. 너희는 내가 그렇게 대책 없는 놈으로 보이냐?"

그 말에 방정이가 바로 대답했다.

"응. 무척. 많이. 엄청."

"야, 죽을래?"

전긍이는 티격태격하는 둘을 향해 몸을 돌렸다.

"너희들 엄마한테 혼날 생각하면 안 무섭냐? 우리의 최후가?"

방정이가 핀잔을 주었다.

"병신. 그러니까 네가 전긍인 거야. 혼날 생각을 왜 미리 하냐? 내일 걱정은 내일 해."

통이 모기에 물렸는지 어깨 위를 손으로 찰싹 치며 말했다.

"하여튼 겁은 많아 가지고. 부모님하고 피바다 만나면 맞기밖에 더 하겠냐? 근데 그렇게 무서워하는 녀석이 왜 나왔어?"

방정이도 달려드는 모기를 두 팔로 휘휘 내쫓으며 맞장구쳤다.

"맞아! 전긍아, 넌 진짜 왜 나왔냐? 난 너 처음에 전교 1등인 줄 알았잖아. 맨날 칠판 뚫어져라 노려보지, 쉬는 시간에도 공부하지. 시간 아낀다고 화장실도 종 치기 직전에 가잖아."

전긍이 이름은 민시우. 세상 모든 일에 전전긍긍하며 산다고 룸메이트들이 '전긍이'라고 불렀다. 본인마저 이름보다 전긍이라는 별명이 편했다. 통이 긴 팔을 뻗어 전긍이의 밤송이처럼 까슬까슬한 머리통을 만지며 키득거렸다.

"공부한다고 머리도 밀었잖아. 공부를 위해 스타일을 버린 놈이야. 나 너 처음 봤을 때 엄청 똑똑한 줄 알았어. 완전 속았지, 뭐."

그런 이야기를 듣는 건 처음이 아니었다. 전긍이는 호리호리

한 체형이었다. 하얗고 갸름한 얼굴에 쌍꺼풀 없는 커다란 눈, 곧게 뻗은 코, 얇은 입술이 오밀조밀 균형 있게 잘 자리 잡고 있었다. 이런 외모 때문에 전궁이는 아나운서 같다는 말을 자주 들었다. 어떤 일에도 쉽게 흔들리지 않을 냉철한 사람일 것 같다고도 했다. 그런데 몇 시간만 함께 있으면 시우를 다들 '전궁이'라고 불렀다. 놀란 사슴처럼 초조한 낯빛으로 두리번거리는 모습을 보았다나?

전궁이가 낮은 목소리로 말했다.

"아까 점심시간에 엄마가 면회하러 왔잖아. 다짜고짜 내일부터 기숙 학원 가래."

"꼴랑 2주 방학에 무슨 기숙 학원? 하긴 그 방학도 없어졌지만! 그리고 여기가 기숙 학교인데 무슨 기숙 학원을 또 가?"

통이 얼굴을 찡그렸다. 방정이도 놀라며 말했다.

"야, 네가 싫으면 그만이지. 안 가면 되잖아. 안 간다고 말은 해봤냐?"

"……."

못했다. 방정이가 고개를 들고 전궁이 표정을 살펴보더니 밉살스레 지껄였다.

"찌질하네. 싫다고 얘기도 못해 보고 튄 거라고? 너도 참 답 없는 인생이다."

그러자 옥토끼가 전궁이 대신 변명하듯 말해 주었다. 옥토끼는 전궁이와 중학교 2, 3학년 때 같은 반이었기 때문에 전궁이 사정을 잘 아는 편이다.

"전긍이 엄마, 배드민턴 국가 대표 출신이야. 뭘 해도 1등 해야 되는 사람 있잖아. 딱 얘네 엄마야. 성적 안 나오면 밥도 안 주고 그랬대. 전에 전긍이 집 놀러 갔더니 전긍이 엄마가 나한테 '아빠는 뭐 하시냐? 넌 몇 등이냐?' 막 이런 거 물어봐서 기분 나쁘긴 하더라. 그래도 전긍이는 착하잖아. 너무 뭐라 하지 마."

전긍이가 깊은 한숨을 내쉬었다.

"너희 호두로 범벅된 미역국 먹어 봤냐? 우리 엄마, 텔레비전에서 호두가 두뇌 발달에 좋다고 하니까 모든 음식에 호두를 갈아 넣었어. 우리 엄마 인생 목표는 나랑 동생 성공시키는 거야."

방정이가 입맛을 다셨다.

"호두 미역국 맛있겠네. 벌써 배고파. 뭐라도 먹고 싶다. 개밥을 고추장에 비벼 줘도 맛있게 먹겠다."

옥토끼가 뭔가 생각난 듯 말했다.

"참, 전긍이 너 중3 때도 기숙 학원 갔잖아. 맞지?"

옥토끼 말처럼 전긍이는 고등학교 입시가 끝나자마자 경기도 외곽에 있는 어느 유명한 기숙 학원에 갔다. 엄마가 무진고에 가려면 예습을 해 둬야 한다고 보낸 곳이었다.

전긍이는 아까 점심시간에 본 엄마의 모습이 다시 떠올랐다.

면회실에서 만난 엄마는 부풀린 보브커트 헤어스타일에 몸에 딱 붙는 크림색 정장 차림이었다. 엄마는 얼굴을 있는 대로 찡

그리고 있었다. 엄마는 전궁이를 보자마자 대번에 날선 말을 날렸다.

"너 얼굴색 좋다? 넌 그 성적에 잠이 와? 밥이 넘어가?"

엄마는 파란색 매니큐어를 깔끔하게 바른 손톱으로 탁자를 톡톡 치며 말했다.

"내일 아침 여섯 시에 데리러 올 거야. 전에 갔던 그 기숙 학원에 한 달 다녀와. 여기는 친구들한테 시간 뺏기지, 선생들도 통 믿을 수가 없어."

언젠가 책에서 발목에 사슬이 풀렸는데도 도망가지 않는 코끼리 사진을 본 적이 있다. 코끼리가 막 잡혀 왔을 때는 발버둥 치며 달아나려고 하지만, 여러 번 시도한 끝에 도망치는 게 불가능하다는 걸 깨닫는다. 그때부터는 사슬을 풀어 놓아도 도망가지 않는다고 했다. 전궁이는 그 코끼리를 보며 꼭 자기 같다고 생각했다. 전궁이도 어릴 때부터 소심하게 몇 번 반항하긴 했지만, 그때마다 엄마에게 눈물 쏙 빠지게 혼났다. 그 뒤로는 아예 대들 의지마저 사라졌다. 엄마에게 하고 싶은 말을 하려다가도 엄마가 버럭 소리를 지르면 말이 쏙 들어가 버렸다. 꼭 엄청 마려운 똥이 나오려다 말고 쏙 들어가 버린 것처럼.

엄마는 꼿꼿하게 앉아 자기 할 말을 폭포수처럼 전궁이에게 마저 쏟아부었다. 늘 나오는 레퍼토리다.

"내가 실업 팀에서 선수로 생활하다가 은행에 들어갔을 때 대학 안 나왔다고 동료들이 은근히 날 무시했지. 그때 다짐했다. 애들은 꼭 명문대 보내겠다고. 남부끄럽지 않게! 여봐란듯이! 남보기 번듯하게! 그렇게 너희 키우리라 다짐했어. 근데 뭐? 꼴찌에서 두 번째? 내가 진짜 어이없어서."

엄마는 말을 마치고 의자에서 벌떡 일어났다. 금색 명품 로고가 찍힌 가방을 한쪽 어깨에 메고 또각또각 하이힐 소리를 내며 문으로 갔다. 전궁이는 침울한 얼굴로 그 모습을 지켜보았다. 엄마는 문고리를 잡으려다 전궁이 쪽으로 몸을 홱 돌리더니 다시 한 번 버럭 소리를 질렀다.

"정신 차려! 멍하게 앉아 있는 꼬라지하고는! 뭐 하나 똑 부러지게 해내는 게 없어. 맘에 드는 구석이 하나도 없다니까, 진짜!"

엄마가 나가고 나서야 전궁이는 후회가 밀려왔다.

'왜 싫다고 강하게 말하지 못했을까? 왜 안 간다고 버티지 않았을까?'

쥐도 너무 구석으로 몰면, 쥐가 고양이를 문다고 했다. 그러나 아직 용기가 부족한 쥐인 전궁이는 고양이를 무는 대신 쥐구멍을 파서 도망쳐 나왔다.

점심시간을 떠올리며 전궁이는 "으윽." 하고 머리를 쥐어뜯었다. 자기가 너무 찌질한 쥐 새끼 같았다. 옥토끼가 전궁이를 힐끔보고 이해한다는 듯 자기 뒤통수에 손깍지를 끼며 말했다.

"전궁아, 원래 세상일이 그런 거야. 사람들이 이렇게 얘기하잖아. 사람이 바닥을 치면 올라갈 일만 남았다고. 그거 틀린 말이야. 바닥을 치면 지하가 있고, 지하를 치면 지옥이 있지."

어느새 통과 방정이는 드르렁드르렁 코를 골며 자고 있었다. 전긍이도 내일이 걱정되면서도 거짓말처럼 스르륵 잠이 왔다. 전긍이 귀에 꿈결처럼 옥토끼 목소리가 들렸다.

"근데 말이야."

전긍이가 잠결에 대답했다.

"왜?"

전긍이는 점점 잠에 취해 갔다. 옥토끼 목소리가 가물가물하게 들렸다.

"나한테 재능이라는 게 있긴 한 걸까?"

"그러니까 '틴틴 래퍼' 예선에 붙었……겠……지. 아함."

옥토끼 목소리가 침울했다.

"아까 사이퍼 하는데 중학생 애들도 실력이 장난 아닌 거야. 라임이며 플로우가 흠잡을 데 없더라. 어떤 중딩이 질소가 빵빵하게 든 과자에 대한 울분을 라임 맞춰 노래하는데, 걔가 나보다 잘하더라고. 내가 잘 해낼 수 있을까?"

전긍이는 잠이 쏟아져 대답을 해 줄 수가 없었다. 전긍이 귓가에 옥토끼가 한탄하는 소리가 아득하게 들려왔다.

"암튼 너희는 날 이해 못해!"

추웠다. 이불을 덮고 싶어서 손을 뻗자 뭉실뭉실한 솜이불이 잡혔다. 전긍이는 솜이불을 끌어당겼다. "으으……." 하는 신음 소리가 들렸다. 이상한 느낌에 화들짝 눈을 떴다. 자신이 벤치 아래 누워 있는 노숙자 아저씨의 머리카락을 움켜쥐고 있는 게 아닌가. 노숙자 아저씨 하나가 방정이와 등을 맞대고 자고 있었다. 쓱쓱 하는 비질 소리와 함께 어떤 아저씨의 목소리가 들렸다.

"학생들, 일어나! 빨리 여기 청소 마치게."

정신을 차려 보니, 환경미화원 아저씨가 빗자루로 바닥을 쓸고 있었다. 조만간 통과 방정이의 얼굴도 초록색 빗자루로 쓸어버릴 기세였다. 전긍이는 둘의 얼굴을 보자 웃음이 나왔다. 둘 다 밤새 모기들 밥이 되어 얼굴이 퉁퉁 부어올라 있었다. 방정이가 일어나 얼굴을 북북 긁어 댔다. 전긍이도 일어나 눈을 비비고, 정면에 있는 공원 시계탑을 바라보았다. 벌써 일곱 시였다. 초록색 페인트칠이 된 공원 벤치가 햇빛을 받아 번들거렸다. 비둘기들이 사람들이 흘린 음식 부스러기를 주워 먹었다. 공원 주위를 사람들이 바쁜 걸음으로 지나갔다.

통도 일어나 기지개를 켜며 주위를 둘러보았다.

"이렇게 넋 놓고 있을 수 없지."

눅눅한 바람이 제법 거세게 불어왔다. 어디서 생활 정보지가 날아와 방정이 얼굴에 찰싹 붙었다. 통은 방정이 얼굴에서 생활 정보지를 떼어 내 샅샅이 훑어보았다. 그러더니 곧 거침없는 발걸음으로 아이들을 이끌었다. 통은 건물 간판들을 살펴보며 아이들을 큰길 끄트머리 주택가로 데려갔다. 낡은 회색 건물 4층에 '파출부, 건설 인력, 파견, 아웃소싱 드루와 인력 사무실' 간판이 보였다. 통은 어두운 계단으로 올라갔다. 전긍이는 불안했다.

"통, 여기 어디야?"

"울 아빠 건설 현장 십장 출신이야. 울 아빠가 식당 차린 거, 노가다 해서 돈 모아 차린 거거든. 지금도 어쩌다 아빠를 급하게 찾는 데가 있으면 엄마한테 식당 맡기고서 나 데리고 현장에 한 번씩 나가. 그때 보니까 타일, 미장 하는 아저씨 아줌마들 하루 일당이 적어도 20만 원은 되더라. 대학생 알바 형들도 7만 원은 받고. 우리 넷이 하루 일하면 28만 원, 이틀만 해도 56만 원이야. 어때? 할 만하지?"

전긍이는 '건설업', 즉 '노가다'라는 말에 겁이 더럭 났지만 이틀만 일해도 56만 원을 벌 수 있다는 생각을 하자 마음이 놓였다. 그러나 곧 '건설 현장에서 일하다 발을 헛디디면 어쩌나?', '머리 위로 벽돌이 떨어지면 어쩌나?' 하는 걱정이 몰려들었다.

통이 자신만만하게 인력 사무실 문을 열었다. 인력 사무실에서는 자그마한 체구의 할아버지가 소파에서 스마트폰을 들여다보고 있었다.

할아버지에게 통이 큰 소리로 인사했다.

"사장님, 안녕하십니까? 일하러 왔습니다."

할아버지가 돋보기를 내리고 흐릿한 눈으로 아이들을 뚫어져라 살폈다.

"학생들이 왜 학교 안 가고 여기 있어?"

통이 가지런히 이를 드러내며 예의 바르게 웃었다.

"방학입니다, 할아버지."

"주민증 내놔 봐. 쿨럭쿨럭."

할아버지가 가래침을 재떨이에 뱉었다.

"아직 저희 주민증이, 좀 있다가 나오는데……."

"미성년자 맞지? 그럼 가족 관계 증명서하고 부모 동의서 받아 와. 그러기 전에는 절대 안 돼."

통이 할아버지 손을 잡았다.

"아, 할아버지. 저희가 집에 말 못할 사정이 있어요. 저희 하루만 써 주세요."

"안 된다! 쿨럭쿨럭."

할아버지는 단호했다. 할 수 없이 아이들은 사무실 밖으로 나왔다.

전긍이가 계단을 내려오며 투덜거렸다.

"통, 이게 네가 말한 방법이야? 이제 우리 어떡하지?"

통이 대수롭지 않다는 듯 말했다.

"다른 데 가 보면 되지."

아이들은 근처 인력 사무실 세 군데에 더 가 봤지만, 대답은 모두 한결같았다. 네 번째 사무실에서도 퇴짜를 맞고 나오면서 방정이가 안타까워했다.

"부모 동의서야 피시방에서 출력한 다음에 지우개로 도장 파서 찍으면 그만이야. 근데 증명서가 문제네. 아직 주민증 안 나온 게 한이다."

그 말에 통이 눈을 반짝였다.

"잠깐! 서류만 있으면 되잖아."

옥토끼가 통을 비웃었다.

"너 진짜 바보 맞구나! 어느 부모가 가출한 자식이 서류 떼어 달란다고 떼 줘? 다른 사람이 대신 떼어 주면 모를까!"

"그거야! 자, 봐! 우리 형은 군대 갔고, 방정이랑 옥토끼는 외동이고, 전긍이한테 여동생 있잖아. 걔한테 부탁하자."

전긍이는 코웃음이 났다.

"빛나? 걔 사이코야. 절대 안 해 줄걸?"

그 말이 끝나자마자 통은 아이들을 맨 처음 인력 사무실 근처로 데리고 갔다.

"내가 아까 여기 공중전화기 있는 거 봤어. 전긍아, 얼른 동생 전화번호 불러."

전긍이는 빛나에게 도움을 청해야 하는 자기 처지가 비참했다. 보통 여동생은 오빠한테 상냥하다던데, 빛나는 어릴 때부터 한결같이 자기를 함부로 대했기 때문이다. 그래도 전긍이는 어쩔 수 없이 빛나 전화번호를 눌렀다.

신호음이 몇 번 울린 뒤, 빛나의 날선 목소리가 들렸다.

"아, 진짜! 대출 상담 안 한다니까요!"

뚜.뚜.뚜.뚜. 차가운 기계음만 들렸다. 전긍이가 다시 전화를 걸어 다급하게 말했다.

"빛나야, 나야."

"뭐지? 보이스피싱인가?"

"끊지 마! 나야! 나라고!"

수화기 너머로 손톱으로 칠판 긁는 것보다 더 듣기 힘든 쇳소리 같은 목소리가 들려왔다.

"꺄! 진짜 오빠야? 오빠 미쳤어? 어제 학교에서 뛰쳐나갔다며? 엄마가 경찰에 신고했어. 기대해라. 이제 철컹철컹 감옥 가겠네."

"야, 무식하긴. 감옥을 왜 가냐? 빛나야, 오빠가 서류가 필요해. 가족 관계 증명서 알지? 엄마 도장 가지고 주민센터에 가면 뗄 수 있어. 알바하게 그거랑 보호자 동의서 좀 보내 줘."

"그걸 내가 왜 해야 하는데? 끊어. 감옥 가면 사식 기대 마라! 안녕! 사요나라!"

전긍이는 마치 수화기가 빛나라도 되는 듯, 수화기를 꽉 부여잡고 말했다.

"빛나야, 잠깐만! 내 방 책장 위에서 두 번째 칸 보면 스타워즈 시계 밑에 봉투 있거든? 거기에 40만 원 있어."

그건 정말 만일의 사태를 대비해서 모아 놓은 비상금이었다. 세뱃돈 같은 굵직한 용돈은 엄마가 펀드에 넣는다며 가져가 버려, 그 돈은 전긍이가 가진 돈 전부였다.

잠시 정적이 흘렀다. '끊었나?' 하고 생각한 순간, 웃음기 가득한 목소리가 들렸다.

"월척인데? 그럼 5 대 5."

전긍이는 눈앞이 캄캄했다.

"미쳤냐? 네가 보이스피싱이구나! 어디서 20만 원이나? 안 돼. 그, 그래. 2만 원만 가져가."

"사요나라. 끊는다."

정말 치사하고 더러웠다. 하지만 급한 쪽은 전긍이였다.

"아냐! 아냐! 가져!"

빛나는 그 돈으로 아이돌 룩스가 컴백하면 온갖 관련 상품을 사는 데 쓸 게 뻔했다. 자기 피붙이인 오빠가 이렇게 거지처럼 지내고 있는데, 왜 쓸데없는 오빠들한테 돈을 쓰는 것인가. 신은 여자에 대한 환상을 깨라고 여동생을 주신 게 틀림없었다.

잠시 후 빛나가 새침하게 말했다.

"좋아. 대신 조건이 있어."

"됐어. 뭐 조건? 안 해! 이게 아주……. 내가 양파냐? 계속 벗겨 먹고 있어. 싫어. 관둬. 진짜 이게 보자보자 하니까……."

그때였다. 방정이가 수화기를 낚아챘다.

"안녕, 빛나야? 나 오빠 친구 방정이 오빠야. 너 룩스 빔 좋아한다며? 오빠 친구 중에 옥토끼라는 애가 이번에 '틴틴 래퍼' 나가거든? 거기 심사 위원이 빔이야. 내가 꼭 사인 받아 줄게."

"까악!"

까마귀 울음 같은 비명 소리가 옆에 서 있는 아이들 귀에까지 들렸다.

"진정하고 주소 적어. 여기 주소 불러 줄게. 서울시 마포구……."

방정이는 건물 입구에 적혀 있는 인력 사무실 주소를 불러 주고 전화를 끊었다.

전긍이가 이번에는 통에게 따지듯 물었다.

“지금 우리한테 돈 한 푼 없잖아. 돈은 내일 우체부 아저씨가 들고 올 거고, 어디로 가? 말해 봐, 통. 네가 책임진다며? 나 진짜 노숙하기 싫다고!”

통이 심각한 표정을 지었다.

“너희 옷 벗어. 다시 교복 입어. 그 옷 환불하자.”

“통, 너 미쳤냐? 옷이 땀에 절었는데 무슨 환불?”

옥토끼가 얼굴을 잔뜩 찡그렸다. 그 표정을 보고도 통은 진지했다.

“그럼 우리가 가진 물건을 팔아 보자. 시계 찬 사람 있냐? 옥토끼, 너 시계랑 그 고물 휴대폰 팔자. 어쩌면 빈티지 수집하는 사람이 그거 살 수도 있어. 전긍아, 너 그 신발 비싼 거지? 내가 재활용 수거함에서 신발 구해 줄 테니까 그거 팔자. 중고 나라에 올려 볼까?”

통의 눈빛을 보니, 진심이었다. 전긍이가 아무리 수학을 못해도 이런 경우를 두고 ‘무리수’라고 하는 건 알 것 같았다.

아이들이 실랑이를 하는 사이, 방정이는 주머니에 있는 동전을 다 털어 넣고 전화기 버튼을 눌러 댔다. 엄마는 방정이 혼자 일본을 간다고 했을 때도 흔쾌히 가라고 했다. 늘 믿는다고 했던 엄마이기에 방정이는 어제 그렇게 말없이 와 버린 게 마음에 걸렸다. 엄마가 전화를 받았다.

“엄마, 나야. 나 지금 서울인데 이왕 온 김에 며칠만 바람 쐬고 갈게. 일본도 혼자 보낼 생각이었잖아. 서울인데 무슨 걱정이야? 나랑 애들 잘 있어. 다른 애들 부모님들한테도 너무 걱정하지 말라고 해. 무소식이 희소식이라고 생각해. 무슨 일 있으면 꼭 연락할게. 끊어. 엄마, 나 믿지?”

방정이는 자기 말만 하고 잽싸게 전화를 끊었다. 걱정하는 엄마에게 돈을 보내 달라는 말은 차마 하지 못했다. 빛나에게 연락했으니 내일까지 어떻게든 버티면 될 것 같았다.

방정이가 공중전화 부스에서 나오자 통이 방정이의 어깨를 잡았다.

“방정아, 가서 사람들 초상화를 그려 주고 돈 벌자. 맞다. 우리 교복 팔면 얼마나 벌 수 있을까?”

“네가 미쳤구나.”

통은 방정이의 야유를 듣고는 정신을 차린 듯했다. 곧이어 통은 무더위에 아이들을 데리고 ‘알바 구함’이라고 써 붙인 가게들을 돌았다. 통은 정말로 일자리를 구할 때까지 쉬지 않을 생각인 것 같았다. 모두 다섯 군데를 갔는데, 가게마다 아이들 행색을 보더니 다들 거절했다. 그리고 역시 서류가 필요하다고도 했다. 어차피 이대로는 돈 버는 일을 할 수 없을 것 같았다.

날씨도 도와주지 않았다. 햇살이 맹렬해서 아스팔트 위에 계란 프라이를 해도 될 정도였다. 온몸에서 땀이 줄줄 흘러내렸다.

입도 바싹바싹 타들어 갔다. 너무 더워서 모든 게 귀찮고 짜증 났다. 돈을 벌기 전에 일사병에 걸려 죽을 것 같은 날씨였다.

전궁이는 아이들과 패스트푸드 햄버거 가게 3층에 자리를 잡았다. 에어컨 바람 덕분에 그제야 살 것 같았다. 화장실에서 세수도 하고 목덜미도 씻었다. 하지만 양치질을 못해 입 냄새가 났다. 옷은 땀에 절어 후줄근해졌다. 얼굴에 수염도 조금씩 돋아나 몰골이 점점 험해지고 있었다. 이젠 방정이뿐 아니라 다른 아이들 발에서도 꼬리꼬리한 냄새가 났다. 방정이는 이런 사정에는 아랑곳하지 않고 누가 햄버거라도 남기고 가진 않나 신경을 곤두세웠다.

통은 혼자서라도 돈 벌 수 있는 곳을 찾겠다며 나갔다. 옥토끼는 중얼중얼 랩을 연습했고, 방정이는 스케치북에 그림을 그렸다. 전궁이는 계속 비극적인 미래를 상상하며 시간을 보냈다. 배가 고파 음식물 수거 쓰레기통 위에 놓인 얼음물만 계속 마셨더니 배가 싸르르 아팠다.

세 시간쯤 지나자 통이 털레털레 돌아왔다.

"나 진짜 엄청 큰 고깃집에서 일할 뻔했거든? 근데 사장님이 일 시켜 줄 것처럼 하더니, 휴대폰 없다니까 그냥 가래."

밤 10시. 직원이 와서 문을 닫아야 한다고 말하면서 못마땅한 기색으로 아이들을 노려보고 내려갔다. 아이들은 다시 홍대 앞 놀이터로 갔다. 놀이터 앞 '먹고가개 개 수제 간식'이라는 가게 간판이 눈에 띄었다. 간판과 쇼윈도에서 눈부시게 환한 빛이 흘러나왔다. 지나가는 사람들도 발걸음을 멈추고 가게 안을 들여다볼 정도였다. 쇼윈도 안에는 먹음직스러운 컵케이크, 머핀, 육포, 쿠키 따위가 가득 진열되어 있었다. 진심으로 개가 부럽기는 처음이었다. 창문에 비친 아이들은 장마철 유기견처럼 비루해 보였다.

전궁이는 가게 앞에 내놓은 박스 안에서 뜯지 않은 닭가슴살 육포 봉지를 발견했다. 통도 그걸 보았는지, 말릴 틈도 없이 그 봉지를 뜯었다. 전궁이는 통이 뜯어 버린 포장지에서 유통 기한을 확인했다. 유통 기한이 일주일이나 지난 것이었다. 통이 속껍질을 벗기고 육포를 입에 넣었다. 방정이도 달려들어 빼앗아 먹었다. 옥토끼도 조금 참다가 손을 내밀어 육포를 입에 넣었다.

전궁이는 자기 뺨을 때렸다.

'겨우 하루 굶은 것 가지고 개 간식을 탐하다니! 인간의 존엄성을 지켜!'

전궁이는 아이들에게 이렇게 말해 주고 싶었다.

'너희들이 인간이냐? 개 간식을 먹게?'

그러나 전궁이 입에서는 다른 말이 튀어나왔다.

"치사한 자식들! 나도 한 입 줘!"

육포는 싱겁고 조금 질기긴 했지만, 의외로 맛있었다. 하지만 그걸로 배를 채우기는 역부족이었다. 하루 종일 굶다가 음식물이 들어가니, 위장이 음식을 더 달라고 아우성쳤다. 전궁이는 온몸에 기운이 없었다. 아이들은 어제 누웠던 곳에서 잠을 청했다.

이튿날 아침이 되자 통은 다시 일자리를 구하러 다녀 보자고 했다. 의지 하나는 대단했지만, 가만히 있어도 살이 익어 버릴 것 같은 더운 날씨에 또다시 땀을 빼기는 싫었다. 아이들은 인력 사무실 계단에 쭈그려 앉아 우체부 아저씨를 기다렸다. 11시쯤 우체부 아저씨를 보았을 때 전궁이는 눈물이 날 정도로 기뻤다. 아저씨가 전궁이에게 누런 서류 봉투를 건네주었다. 봉투를 뜯자 서류 두 장과 푸른 지폐가 보였다. 전궁이는 반가운 마음에 얼른 지폐를 세어 봤다.

"왜 15만 원밖에 없지?"

전궁이는 봉투 안을 툭툭 쳤다. 아이돌 룩스 빔의 얼굴이 인쇄된 포스트잇 하나가 팔랑팔랑 떨어졌다.

오빠.

얼른 들어오라고 차비 넣어 보내.

차비보다는 좀 더 넣었어.

나 착하지? ㅋㅋㅋ

"이 사이코! 가만 안 둘 거야!"

전궁이가 분노에 차서 소리를 질렀다.

"전궁아, 괜찮아. 일하면 금세 벌 수 있잖아."

통이 서류를 품에 안고, 인력 사무실 문을 당당하게 열었다. 그러나 할아버지는 서류를 쓱 훑어보고 나서 이렇게 말했다.

"너희는 써 줄 수가 없다. 쿨럭쿨럭."

"왜요?"

"주소지가 여기가 아니잖아. 너희들 가출한 것 같은데, 당장 집에 가라. 쿨럭쿨럭. 다른 데도 마찬가지일 거다. 세상 무섭다. 얼른 돌아가!"

할아버지는 아이들을 손으로 내몰았다. 전긍이는 황당함에 치를 떨었다.

"우리는 그럼 뭐 한 거지? 이 서류는?"

아이들은 계단 아래로 내려왔다. 방정이가 주위를 둘러보았다.

"나 배고파 죽을 것 같아. 일단 밥부터 먹자."

막상 밥을 먹을 수 있다고 생각하자, 한 발짝도 걸을 수 없을 만큼 허기가 몰려왔다. 주변을 살폈지만, 주택가라 그런지 마땅한 식당이 보이지 않았다.

"저기 어때?"

방정이가 말했다. '이더블 버그 레스토랑'이라는 간판이 붙은 가게였다. 새로 생긴 가게인지 내부가 환하고 깨끗해 보였다.

"저기 지금 무슨 행사 하잖아. 플래카드 봐. 정식 오픈 전 신제품 시식 행사 50퍼센트 할인, 디저트 무료. 어때?"

전긍이는 방정이 표정을 보고 꺼림칙해졌다. 언젠가 방정이는 전긍이 책상 서랍 안에 고무로 만든 바퀴벌레 모형을 잔뜩 넣어 놓고 전긍이가 기겁하기를 기다린 적이 있었다. 지금 방정이 눈빛이 딱 그때 같았다. 상대가 깜짝 놀라는 모습을 상상하며 애써 웃음을 참고 있는 그런 눈빛. 하지만 다른 식당을 찾아 나서기엔 너무나 배가 고팠다.

아이들은 가게로 들어갔다. 한 남자가 테이블로 다가왔다. 나이는 많아야 30대 초반으로밖에 안 보였다. 차분해 보이는 얼굴에 머리를 단정히 빗어 넘겼고, 남색 셔츠와 면바지를 입어 깔끔했다.

"저희 가게는 아직 정식 오픈 전입니다. 메뉴 개발 최종 단계에서 고객님들께 50퍼센트 할인된 가격으로 음식을 드리고 설문을 받고 있습니다. 괜찮으십니까?"

"히히히, 그럼 저희야 좋죠! 얘들아, 이 메뉴 가격에서 50퍼센트면 짜장면이랑 가격이 비슷해. 아저씨가 사장님이세요?"

"네."

"그럼 양 많이많이 주세요."

방정이는 파스타, 리소토, 셰이크를 골고루 주문했다. 음식이 나오자, 아이들은 음식을 허겁지겁 입 속으로 쓸어 넣었다. 얼음이 보송하게 갈린 셰이크의 이름은 무슨 라떼였는데, 고소한 미숫가루 맛이 났다.

음식을 다 먹자 사장님이 쿠키가 담긴 접시를 테이블 위에 놓았다.

"이건 무료로 드리는 디저트, 일명 스마일 쿠키입니다. 그럼 오늘 음식 맛 좀 평가해 주시겠어요?"

통은 파스타 접시를 숟가락으로 긁고 있었다. 저러다 혓바닥으로 접시 바닥까지 핥아 먹을 것 같았다. 이어서 통은 셰이크를 쪼옥 소리 나게 빨대로 빨아 먹은 뒤, 스마일 쿠키를 입에 넣었다.

"맛있어요!"

통이 환하게 웃었다. 그 순간, 전궁이의 눈이 커질 대로 커졌다. 통의 잇새로 쿠키 조각과 함께 벌레 조각이 보였기 때문이었다.

edible

2

대체 불가인 사람이 된다는 것

그건 분명 어떤 애벌레의 형체였다. 전궁이가 소리를 질렀다.

"악! 통! 너 입에 버, 벌레! 악!"

사장님의 눈에 당혹감이 비쳤다.

"모르셨나요? 저희 가게는 식용 곤충 가게입니다."

전궁이는 속이 울렁거렸다.

"시, 식용 곤충이라고?"

방정이가 키득거렸다.

"간판 보면 딱 알아야지. 사장님, 그러잖아도 인터넷에서 이 가게 보고 엄청 궁금했어요. 이렇게 오게 돼서 진짜 신기해요. 우히히히."

통이 방정이 멱살을 잡고 흔들었다.

"야, 너 다 알면서 우리한테 벌레 먹인 거냐?"

"간판에 쓰여 있잖아. 이더블 버그. '먹을 수 있는 곤충'이라는 뜻이잖아. 무식한 것들."

결국 무식이 죄였단 말인가? 사장님이 통을 말리며 난감한 표정을 지었다.

"모르고 드셨다니 죄송합니다."

옥토끼가 한 대 맞은 듯한 표정으로 말했다.

"음식은 다 맛있어요. 근데 재료가 충격적이네요."

전긍이는 그제야 쿠키를 자세히 보았다. 얼핏 보면 그냥 평범한 초코 쿠키 같았다. 쿠키 위쪽에 아몬드 두 개가 박혀 있어 사람 얼굴처럼 보였다. 그런데 웃는 입술 모양이 작은 애벌레였다. 전긍이는 음식물이 위에서 역류하는 느낌이 들었다. 찝찝한 기분을 떨칠 수가 없어 따지듯 물었다.

"왜 곤충으로 음식 만들어요? 불법 아니에요? 먹고 사람들 죽으면 어떡해요? 기생충에 감염되거나 그러면 어떡해요?"

"안심해도 됩니다. 다 식약청에서 인정받은 식용 곤충이거든요. 이 셰이크는 갈색거저리유충 500마리를 갈아 넣은 거예요. 이 파스타 면에는 귀뚜라미가 들어가 있고요."

오 마이 갓! 통이 입안에 머금고 있던 음료수를 도로 컵에 뱉었다. 통이 황당한 얼굴로 물었다.

"세상에 먹을 게 얼마나 많은데 왜 곤충을 먹어요?"

사장님은 이런 질문을 수천 번은 들어 본 것처럼, 여유 있게 말했다.

“곤충은 미래 식량이에요. 환경 오염 없이 얻을 수 있는 단백질 대체품이구요. 지금 곤충은 화장품, 약으로도 쓰여요. 앞으로 몇 년 안에 곤충 산업은 7000억 원 규모가 될 전망이랍니다. 식용 곤충 산업 규모는 1700억 원이 넘을 거구요.”

통이 눈을 반짝이며 쿠키를 입에 넣었다.

“와! 이제 저도 제 길을 찾았네요. 벌레를 길러야겠어! 사장님, 그럼 1700억 중 100억은 제 것이 될 수 있겠죠?”

통이 설레발을 쳤다. 방정이가 통의 입에 쿠키 포장 비닐을 쑤셔 넣는 시늉을 했다.

“그래, 너 혼자 돈 다 벌어라. 근데 사장님, 왜 이런 사업을 하시는 거예요? 우리나라 최초 아닌가요?”

사장님이 빙그레 웃었다.

“맞아요. 아마 우리나라 최초일 거예요. 전 어릴 때부터 꿈이 사업가여서 꼭 사업을 해 보고 싶었어요.”

통이 동네 형한테 하듯 사장님에게 갑자기 친한 척을 했다.

“아이, 형님. 그냥 말 놓으세요. 저희도 형이라고 부를게요.”

통은 식용 곤충 산업 규모를 듣고 혹한 모양이었다.

“그래. 그럼 이제 말 놓을게.”

전긍이가 조심스레 물었다.

“제 친구들은 공무원이나 대기업 직원을 꿈꿔요. 연예인을 꿈꾸는 애들도 많고요. 우리 엄마는 저한테 로스쿨 가라 하고, 저

친구는 공부를 잘해서 부모님이 의사 되라고 한대요. 근데 형은 왜 사업가가 되고 싶으셨어요?"

그 말에 사장님이 물을 한 모금 마시며 입을 축였다.

"'넌 왜 사업가가 되고 싶니?'라고 묻는 것은 '넌 왜 만두가 좋니?'라고 묻는 것과 같아. 원래 좋아하는 것에는 이유가 없잖아. 난 어릴 때부터 누가 사업하는 얘기만 들으면 가슴이 설렜어."

그 말을 듣고 옥토끼가 손뼉을 치며 "맞아요, 맞아요!"를 외쳤다. 아마 옥토끼의 '만두'는 '음악'일 것이다.

전긍이는 속으로 생각했다.

'정말 내가 좋아하는 건 뭘까? 내 만두는 뭘까?'

그것만 안다면 미래가 조금은 덜 불안할 것 같았다.

그때, 통이 불쑥 말했다.

"와, 형 만두 좋아하시는구나! 저도 만두 엄청 좋아하는데. 여기 메뉴에 메뚜기 만두를 넣으면 좋겠어요. 돼지고기 대신 메뚜기를 갈아서 넣으면 씹을 때 메뚜기 눈이 톡톡 터지면서……."

방정이가 통의 어깨를 툭툭 쳤다.

"통, 정신 차려. 지금 그 얘기가 아니잖아. 사람마다 다 좋아하는 일이 있다는 거지. 좋아하는 음식 취향처럼 좋아하는 일, 하고 싶은 일에는 이유가 없다는 말이잖아."

통이 머리를 긁적였다.

"아, 난 만두 얘기가 나오길래 그만 흥분해서……."

사장님이 말을 이었다.

“난 꿈을 꾸는 청소년이라면 ‘절대로 세상에 그 꿈을 알리지 말라.’고 하고 싶어.”

전궁이는 뜻밖의 말에 놀랐다. 꿈을 세상에 알리지 말라고? 예상치 못한 이야기였다. 다이어트를 하더라도 동네방네 떠들고 다녀야 성공한다고들 하지 않나?

“왜요? ‘나의 죽음을 적에게 알리지 말라.’던 이순신 장군도 아니고, 왜 꿈을 세상에 알리지 말아야 해요?”

사장님이 느릿느릿 말을 이어 갔다.

“우리나라에서는 누가 자기 꿈을 말하는 순간, 대부분의 사람들은 그 꿈이 왜 실현 불가능한지 말해. 내가 사업을 하겠다고 하자 대학 친구들이며 교수님들까지 하나같이 나에게 했던 말이 있었어. ‘넌 철이 없다.’고 말야. 대학교 때 스펙 쌓아서 대기업에 들어가거나 공무원 될 생각을 해야지 세상 무서운 줄 모르고 사업하느냐는 거였지. 누구 하나라도 응원해 주거나 ‘그래, 넌 멋진 사업가가 될 거야. 한번 열심히 해 봐!’라는 이야기를 들은 적이 없어.”

하긴 전궁이도 옥토끼가 “난 랩을 해서 먹고살 거야.”라고 할 때마다, “넌 철이 없어.”라고 여러 번 말했다. 방정이가 “난 유명한 웹툰 작가나 캐릭터 디자이너가 될 거야.”라고 말할 때도, 전궁이는 속으로 ‘철없는 녀석’이라고 생각한 게 떠올라서 멋쩍어졌다.

“나는 그 사람들 말을 들으면서 이런 생각을 했어. ‘결국 철이

들면 공무원이 되는 건가?', '꿈이 없어지는 게 철이 드는 건가?' 라고 말이야. 그리고 자꾸 그런 얘기를 들으면 자신마저 헷갈리게 되거든. '남들이 다 접으라고 하는데 접어야 하나? 나한테 능력이 있을까?' 이런 생각을 하게 돼. 자기 꿈에 변명을 붙이고, 꿈을 접어야 하는 이유를 찾게 되지."

통이 사장님에게 물었다.

"어쨌든 형은 여기서 식당 열었으니까 꿈을 이룬 거네요."

방정이 말에 사장님이 양손으로 마른세수를 했다.

"대학 졸업하고 처음 사업했을 때 마음은 딱 반반이었어. 난 꿈을 이뤘다 반, 현실은 남루하네 반! 꿈은 이루었는데, 먹고살기가 참 힘들더라. 난 지금까지 창업을 여러 번 했어. 구상만 하다가 그만두기도 하고, 간신히 먹고살 만큼 벌기도 했어. 그러다가 스마트폰 환자 관리 프로그램 앱을 만들어 관리하는 일을 한 적이 있어. 그때 함께 회사를 차린 사람들에게 미래 전략을 제시해 주는 일을 했지."

방정이가 사장님 쪽으로 몸을 좀 더 기울였다.

"와, 미래 전략을 제시한다고요? 재미있을 것 같아요!"

사장님이 그때 일을 떠올리는 듯, 입가에 미소가 번졌다.

"맞아. 미래에는 기후며 에너지며 식량이며 여러 가지 문제가 발생할 테니까 미리 대비해야 하지. 나는 그중에서도 식량 문제에 관심을 두었어. 미래에는 인류가 식량 고갈로 큰 어려움을 겪을 거라고 예측했거든. 당시 빌 게이츠가 가짜 고기인 콩고기에

투자하는 것을 보고 내 생각이 옳다는 확신을 얻었어. 여러 제품을 수입해 와서 실험도 해 봤지. 그러다가 유엔 식량 농업 기구(FAO)에서 나온 「미래 식량으로서의 식용 곤충에 대한 보고서」를 접하고 곤충에 내 인생을 걸기로 했어."

"그 보고서가 형 인생을 바꾼 거네요."

"그런 셈이지. 난 그때부터 미국에서 파는 메뚜기 에너지 바도 사 보고, 곤충 분말을 사서 쿠키도 만들어 봤어. 식용 곤충 홈페이지를 만들어서 곤충 쿠키를 무료로 나눠 주기도 했지. 식약청, 농진청에 전화도 수시로 했어. 보고서에서 언급한 논문이랑 전 세계 전문가들이 식용 곤충을 다룬 논문은 다 찾아 읽었고. 전 세계 식용 곤충 전문가들에게 이메일을 보내기도 했어. 유엔 보고서에 나와 있는 박사님을 찾아 태국까지 가기도 했지."

옥토끼가 입술을 동그랗게 말고 감탄했다.

"오, 태국까지 가셨다고요?"

"응. 식용과 곤충 각각의 분야 전문가는 많지만 두 분야를 합친 식용 곤충 전문가는 세계적으로 드물어. 그 분야에서 가장 권위 있는 분이 태국에 계셔서, 그곳까지 주저 않고 간 거야. 태국, 캄보디아 식용 곤충 세미나에도 참가하고, 곤충 농장과 식용 곤충 사업체를 방문하기도 했어. 유엔 보고서에 요리사로 언급된 사람들을 SNS로 수소문해서 찾아내 도움도 받았어. 국내 곤충 농장도 막무가내로 찾아가 계약하고."

사장님이 일어나 노트북을 들고 와 그때 사진들을 보여 주었다. 계산대 옆에 놓인 팸플릿도 들고 와 보여 주었다. 식용 곤충이 환경에 끼치는 좋은 영향과 식용 곤충의 여러 장점을 적은 팸플릿이었다.

전궁이는 사장님의 이야기를 들으며 계속 놀랐다. 사장님은 무척 차분해 보였는데, 일은 불도저처럼 하는 게 대단하게 여겨졌다.

"와, 실행력이 대단하세요."

"이런 말이 너무 거창하게 들릴지는 모르지만, 사업은 1퍼센트의 아이디어와 99퍼센트의 실행력이라고 생각해."

전궁이는 궁금했다. 진짜로 자기가 하고 싶은 일을 하면서 살면 어떤 기분일까?

"형은 꿈을 이루고 사업가로 살고 있잖아요? 기분이 어때요?"

사장님의 얼굴에 미소가 번졌다.

"진짜 좋지. 난 일중독에 가까워. 온종일 일 생각만 해. 자기 전까지. 나는 그게 너무 좋아. 내가 남 밑에서 일했으면 이렇게 일할 수 없었을 거야. 내가 원하던 일이니까 온전히 마음 가는 만큼 할 수 있어서 좋아. 난 아침마다 설레는 마음으로 일어나."

옥토끼가 두 손을 기도하듯 모았다.

"그럼 꿈을 이루려면 어떻게 해야 돼요? 저는 진짜 앞으로 음악을 하고 싶거든요."

"만약 100층짜리 집을 지을 거라면, '손에 잡히는 뭔가'를 오늘 해야 해. 꿈이 있다고 말하면서 '지금은 게임해야지, 놀아야지.' 하면 꿈만 있는 거야. 집을 짓고 싶은 꿈이 있다면, 당장 나뭇가지라도 모아야 해."

사장님이 통을 바라보며 말했다.

"앞으로 식용 곤충 사업을 할 마음을 먹었다면, 집에서 곤충을 두어 마리라도 길러 봐야 해. 만약 이런 식용 곤충 카페를 할 거라면, 곤충 쿠키가 아니라 그냥 쿠키라도 구워 봐야지."

"네, 형님. 통, 새겨들어라. 딱 너한테 하는 말씀 아니냐? 너도 뭐 하고 싶다고 말만 하고 안 하잖아."

통이 그런 방정이 팔뚝을 툭 쳤다.

"어쭈, 너나 잘해. 너야말로 피바다한테 혼날 것 같으니까 튀어 버렸잖아. 생각이란 게 없어요. 애가 너무 가벼워."

"죽을래? 넌 뇌가 가볍잖아."

"좋겠다. 넌 몸이 무거워서."

둘이 또 티격태격했다. 전궁이는 그런 자기 확신이 있는 사장님이 부러웠다. 사장 형은 어릴 때부터 확고한 자기 꿈이 있었지만, 아직 자기에게는 꿈이라는 실체가 없기 때문이었다.

전궁이는 속으로 이런 엉뚱한 생각을 했다.

'모든 것을 볼 수 있는 엑스레이가 있다면 나라는 인간을 찍어 보고 싶다. 내 꿈은 도대체 뭘까? 누가 꿈을 알 수 있는 정확한 공식을 알려 주면 좋겠네.'

곁눈질로 보니, 통이 진지한 표정을 짓고 있었다. 이 녀석에게도 '진지한 구석이 있구나.'라고 느낀 순간, 녀석의 입에서 뜻밖의 말이 튀어나왔다.

"형님, 그 '실행하라'는 말을 실행하고 싶습니다."

이건 또 무슨 말인가? 통이 목소리에 힘을 주었다.

"저희가 사정이 있어서 서울에 계속 있어야 해요. 그동안 애들을 먹여 살려야 하거든요. 형, 저도 어릴 때부터 사업하고 싶었습니다. 저는 남 밑에서 일 못할 것 같아요. 그래서 말인데, 저희한테 투자금이 좀 있습니다."

전긍이는 어이가 없었다.

'투자금? 설마 지금 나한테 있는 우리 전 재산 15만 원?'

통은 전긍이의 표정 변화 따위에는 아랑곳하지 않고 말했다.

"형님도 식용 곤충을 사람들에게 알려야 하잖아요. 갖고 계신 팸플릿을 인근에 다 돌리면서 제품을 팔게요. 제품을 원가로 주시고 나머지 이익은 저희가 갖게 해 주세요. 네?"

그건 안 될 말이었다. 그럼 오늘 잠은 어디서 자고, 밥은 어떻게 한단 말인가?

"와! 우리 돈 버는 거야? 진짜 재밌겠다. 내가 나가서 이것들 먼저 팔아 볼까?"

방정이는 통을 말리기는커녕 한술 더 떠서 당장 뛰쳐나갈 듯이 테이블 옆 선반에 놓인 귀뚜라미 봉지 두 개를 움켜쥐었다.

전긍이가 울상을 지으며 말했다.

"야, 미쳤어?"

통과 방정이는 전긍이의 말을 귓등으로도 듣지 않았다. 통은 전궁이가 쥐고 있던 돈 봉투를 막무가내로 낚아챘다.

"여기서 밥값 제한 만큼 주십시오."

전궁이가 봉투에 손을 뻗으며 울부짖었다.

"안 돼!"

사장님이 너털웃음을 터뜨리며 돈 봉투를 다시 전궁이에게 돌려주었다.

"됐어. 방금 먹은 밥값만 받을게. 내가 어떻게 너희 코 묻은 돈을 받니? 그냥 조금 줄 테니 한번 팔아 봐. 팸플릿도 넣었으니까 홍보도 부탁해."

옥토끼가 입을 벌리고 조용히 양쪽 엄지손가락을 세워 보였다. 사장님은 큰 쇼핑백에 말린 귀뚜라미, 벼메뚜기, 누에 등 여러 식용 곤충 봉지를 넣어 주었다.

"물건값은 너희가 우리 가게 홍보해 주는 알바비라고 생각할게. 잘해 봐!"

전궁이는 놀랐다. 그동안 낯선 사람을 만나면 일단 수상한 사람은 아닐까 의심부터 했다. 이 사장님은 그런 선입견을 깨 준 어른이었다. 좋은 말도 들려주고, 처음 보는 애들을 도와주기까지 했다. 이것을 다 팔면 며칠은 더 버틸 돈이 생긴다고 생각하니 절로 어깨에 힘이 솟았다. 아이들은 사장님에게 인사를 하고 밖으로 나왔다.

통과 방정이가 겅중거리며 큰길 쪽으로 뛰어갔다. 전궁이와 옥토끼도 둘을 따라 달렸다. 날이 더워 그런지 길에는 오가는 사람이 없었다. 버스 정류장에만 대여섯 명 있었다. 통이 정류장에서 한 대학생에게 봉지 하나를 들이밀었다. 그 대학생이 귀에 꽂았던 이어폰을 빼고 봉지를 보는 순간의 표정이란! 통에게서 몇 걸음 떨어진 곳에서는 방정이가 양산을 쓴 아줌마에게 뭔가를 얘기했다. 아줌마 표정을 보니 양산으로 방정이를 한 대 칠 것만 같았다. 저러는 건 친구들인데, 부끄러움은 왜 전긍이의 몫일까.

통이 전긍이에게 다가왔다.

"여기 반응이 너무 안 좋아. 사람 많은 데로 가 보자."

"그래. 가출하고 나서 5킬로그램은 빠진 것 같아."

방정이가 귀뚜라미 봉지를 뜯어서 먹으며 통에게 다가갔다. 통은 "야, 그걸 먹으면 어떡해."라고 말하면서도 한 움큼 쥐어 먹었다. 곤충은 이제 미래 식량이 아니라 둘의 비상식량 같았다.

전긍이 눈에는 방정이가 전혀 살 빠진 것처럼 보이지 않았다. 녀석이 손에 든 귀뚜라미 봉지가 벌써 헐렁해진 것은 보였다. 전긍이는 방정이를 노려보았다. 아이들은 주변을 돌아다니며 사람들에게 권해 봤지만 하나도 팔지 못했다. 옥토끼가 맹렬한 더위에 힘이 빠졌는지 흐느적거리며 말했다.

"장사 끝내기 전에 우리가 끝장나겠어."

방정이도 동조했다.

"그래, 통. 장사하면 재미있을 것 같았는데 뭘 팔아야 재미가 있지. 완전 노잼이네. 일단 여기는 사람이 너무 없어."

"서울에서 사람 많은 데가 어디지? 명동? 남산? 한강? 강남?"

전긍이가 아는 지명을 주절대자 통이 말했다.

"강남 가자."

그 말에 방정이가 반색했다.

"콜! 서울 왔으면 강남을 가 봐야지! 싸이 형님이 목 놓아 부른 그 강남! 거기 가면 연예인들 보는 거 아냐?"

그렇게 아이들은 강남역으로 향했다. 전긍이는 어차피 뭔가를 결정하는 게 어려웠다. 어떤 일을 판단하고 선택해야 할 때면, 일어날 수 있는 모든 경우의 수를 생각하느라 쉽게 결정 내리지 못했다. 그래서 저렇게 아무 생각 없이 움직이는 녀석들을 따라가자니 마음이 편하기도 하고 불편하기도 했다.

"전긍아, 입 다물어. 절대 우리가 시골에서 왔다는 거 티 내면 안 돼."

통의 말에도 전긍이는 계속 주변을 둘레둘레 구경했다. 서울 건물은 높이와 크기로 사람을 압도하는 경향이 있었다. 전긍이는 순천에서 아파트가 밀집한 신도시에 살기 때문에 내심 스스로를 도시 사람이라고 생각했다. 그런데 강남에는 순천에서 전혀 느낄 수 없는 분주함이 건물마다 도로마다 묻어 있었다.

"와, 사람 물결이네!"

옥토끼도 계속 감탄했다. 신호가 바뀔 때마다 밀물 밀려오고 썰물 빠져나가듯 수많은 사람들이 오갔다. 8차선 중앙에서도 버스들이 계속 사람들을 토해 냈다. 마치 주차장 같은 도로에서는 차들이 빽빽하게 늘어선 채 가다 서다를 반복했다.

방정이가 웃음기를 머금고 주위를 둘러보았다.

“나 이렇게 사람 많은 건 아랫장날 빼고는 처음 봐. 얼른 이거 팔자. 다 팔아서 롯데월드 갈까? 코엑스도 강남에 있다던데 거기 구경도 가자. 아, 참! 나 일본 가야 되지?”

하지만 서울 사람들은 바빠도 너무 바빴다. 다가가면, 사람들 얼굴에 귀찮아하는 기색이 역력했다. 발걸음을 멈추는 사람이 한 명도 없었다. 말을 걸려고 할 때마다 외면하는 사람들을 보니, 세상에서 거절당하고 버림받은 느낌이 들었다. 30분쯤 사람들을 쫓아다닌 후, 옥토끼가 전긍이 옆에 풀썩 주저앉았다.

“칫, 우리가 뭐 바이러스라도 되나? 완전 사람 개무시하네.”

방정이가 다가와 해맑게 웃었다.

“전긍아, 이거 못 팔고 돈 떨어지면 우리 박스 깔고 자면 돼. 내가 박스 튜닝 기막히게 해 줄게. 우히히히.”

‘저것들을 따라 나온 내가 잘못이지!’

전긍이는 그렇게 자기를 탓했다. 안 그래도 배고픈데 방정이는 계속 먹는 이야기만 했다.

“우아, 저기 초밥 맛있겠다. 저기 맛집 같아. 저기는 제주 흑돼지 파네? 와, 침 고인다.”

그러다 패스트푸드 햄버거 가게 하나가 보이자, 통이 아이들을 가게 안으로 밀어 넣었다.

“일단 들어가.”

전궁이는 뒷주머니에 넣어 둔 돈 봉투를 꺼내 손에 꼭 쥐었다.

"햄버거, 절대 안 돼! 너무 비싸. 나가서 삼각 김밥이나 먹자. 물은 은행 가서 정수기에서 마시고."

통은 말없이 배시시 웃기만 했다. 방정이는 그 모습을 보자 뭔가 짚이는 게 있었다.

"너 설마, 여기 수빈이 만나러 온 거야?"

"어. 혹시나 해서 아까 지나가는 어른 폰 빌려서 전화했거든. 좀 있다 여기로 나온대."

통은 수빈이를 보려고 강남으로 오자고 한 거였다. 방정이 얼굴에 화색이 돌았다.

"대박! 내가 아이돌 연습생을 다 만나 보네. 수빈이한테 전화해서 친구들이랑 같이 나오라고 그래! 사인이나 받아 두게."

"아, 창피해! 내가 이래서 너희한테 말 안 한 거야."

"그럼 오늘 네가 수빈이한테 고백하는 거 보는 거야? 옆에서?"

"좋은 말 할 때 떨어져 앉아라."

"싫어. 그럴수록 착 달라붙어야지."

"꺼져."

통이 2층으로 올라가 구석 자리에 앉자, 아이들은 바로 그 옆에 자리를 잡았다.

그렇게 30분이 흘렀을까? 통이 주문한 아이스 아메리카노 커피 잔 표면에 방울방울 맺혀 있던 물방울이 눈물처럼 흘러내릴 때까지 수빈이는 오지 않았다.

방정이가 통을 놀렸다.

"통, 솔직히 말해 봐. 수빈이, 상상 속 친구지?"

방정이 말이 끝나자마자, 키 크고 마른 여자애가 2층으로 올라오는 모습이 보였다. 통은 2층이 떠나가라 소리쳤다.

"수빈아!"

그러고는 수빈이에게 달려갔다.

"까악, 준석아! 진짜 보고 싶었어. 늦어서 미안!"

수빈이가 제자리에서 통통 뛰더니 스스럼없이 통과 포옹했다. 그러더니 둘이 주먹을 맞대었다. 텔레비전 화면에는 실물보다 더 뚱뚱하고 못생기게 나온다더니, 그 말이 맞는 것 같았다. 수빈이는 화면으로 볼 때보다 실물이 훨씬 더 예뻤다. 키도 크고 이목구비가 뚜렷했다. 머리 크기도 정말 작았다. 지금까지 본 사람들 중에 가장 머리가 큰 사람이 방정이였다면, 가장 머리가 작은 사람은 수빈이였다.

"나는 아이돌 연습생이라고 해서 엄청 꾸미고 다닐 줄 알았지. 평범하게 하고 다니네."

옥토끼는 수빈이의 화장기 없는 얼굴과 수수한 옷차림에 놀란 듯했다. 수빈이는 헐렁한 반소매 티셔츠에 짧은 트레이닝 반바지를 입고 있었다.

"그리고 되게 힘들어 보인다."

전긍이가 보기에도 수빈이는 아이돌 연습생이라기보다는 모내기 같은 힘든 노동을 하고 온 사람처럼 보였다. 노랗게 염색한 머리를 하나로 질끈 묶었고, 옆으로 흘러내린 머리카락이 땀에 젖어 있었다. 얼굴도 벌겋게 달아올라 있었다.

"준석아! 완전 보고 싶었어. 이게 얼마만이야? 우리 태어나서 이렇게 오래 떨어져 있는 거 처음이다. 그치, 그치?"

수빈이가 랩을 하는 것처럼 빨리 말했다.

"그럼. 너랑 나는 어릴 때부터 불알친구 아니냐."

방정이가 옥토끼와 전긍이한테만 들리도록 작게 말했다.

"통 오늘 고백한다며? 근데 단어 선택이 왜 저따위야? 불알친구? '오늘 솔로 탈출 어렵다'에 내 삼각 김밥 건다."

통은 수빈이를 보고 헤실헤실 웃었다. 그래서 마치 얼굴에 뼈가 없는 사람처럼 보였다. 전긍이는 사랑이 사람을 바보처럼 순수하게 만든다는 그 진실에 겸허해졌다.

"늦어서 미안해. 몰래 나오는 거 걸리면 죽음이거든."

수빈이가 손으로 자기 목을 긋는 시늉을 하며 말했다. 통은 한껏 달뜬 표정이었다.

"미안하긴. 너 뭐 마실래? 주스? 커피? 햄버거?"

"아니야. 먹으면 안 돼. 하루에 계란 두 개, 두유 하나, 바나나 한 개만 먹어야 돼. 날마다 몸무게 재거든. 늘어나면 퇴출이야."

"수빈아, 너 먹는 거 좋아하잖아! 우리 보성분식에서 둘이 김떡순 3만 원어치 먹고 그랬잖아."

"아, 네 말 들으니까 먹고 싶잖아. 아, 눈물 나. 보성분식 김떡순 먹고 싶다. 오징어튀김도!"

수빈이에게 통은 편한 친구가 맞는 것 같았다. 수빈이가 쉴 새 없이 통에게 말했다.

"방학 되니까 아침 7시부터 밤 10시까지 매일 연습해. 7시에는 헬스장에서 운동하고, 10시부터 보컬 연습을 하고, 밥 먹고 나서 오후에는 내내 춤 연습을 해. 숙소 가면 밤 12시야. 난 이제 6개월 했는데도 힘든데, 이 생활을 초등학교 때부터 한 애들이 우리 소속사에만도 여러 명이야. 연습생만 몇 년 하다가 그만둔 선배들도 엄청 많아. 불안해."

"힘들겠네."

"난 운 좋게 텔레비전 공개 오디션에서 뽑혔잖아. 그거 아닌 애들은 아카데미부터 다니더라. 노래 연습하다 성대 나가고, 춤 연습하다 인대 늘어나고 그래. 연습생으로 뽑혔을 때는 그냥 스타가 되는 줄 알고 설렜는데, 내가 너무 쉽게 생각했나 봐."

수빈이 얼굴이 어두워졌다. 전궁이는 수빈이를 보고 생각했다.

'공부가 제일 어려운 줄 알았는데, 저 일도 만만치 않나 보네!'

수빈이가 통의 어깨를 찰싹 때리며 꽥 소리를 질렀다.

"야! 친구가 이렇게 힘든데, 넌 고등학교 간 후로는 전화도 안 되고! 짜증 나게! 그리고 서울 애들 텃세가, 아휴, 말도 마. 사투리 쓴다고 처음에는 내가 입만 열면 막 웃더라. 내가 멘탈이 좀 강하긴 해도 엄청 신경 쓰였다고! 네 생각 얼마나 많이 났는데. 너희 학교는 왜 그 모양이니? 왜 전화도 안 되니, 응?"

옥토끼가 목소리를 낮추고 말했다.

"수빈이는 통을 전혀 남자로 생각 안 하는 것 같아. 이거 잘못 들이대면 친구로도 못 지내겠는걸? 불안해. 통이 고백하지 않는 게 좋을 것 같다."

통은 계속 다리를 떨며 수빈이 말을 건성으로 듣는 것 같았다. 그러다 아메리카노를 한입에 꿀꺽꿀꺽 다 털어 넣었다. 뭔가 불길했다. 통이 로댕의 '생각하는 사람'처럼 왼손을 턱에 갖다 댔다. 생각 있어 보이려고 허세 떠는 수작 같았다.

"수빈아, 너 그거 아니? 네가 힘들다고 징징대는 거, 그건 네가 연예인을 하겠다는 게 네 만두여서 그래."

그 말에 세 아이들 모두 '재 지금 뭔 소리야?' 하는 표정을 지었다. 통은 계속 심각한 얼굴로 말했다.

"누가 꿈을 물어보면 얘기하지 말래. 그건 너만의 만두니까. 근데 수빈아, 만두 먹고 싶냐?"

옥토끼가 방정이와 전긍이에게 속삭였다.

"통 재는 곤충 사장님한테 들은 이야기를 왜 저렇게 한다니? '누가 너에게 왜 그런 꿈을 꾸니?'라고 묻는 것은 '너는 만두를 왜 좋아하냐고 묻는 것과 같다'고 한 그 이야기 같아."

통이 자리에서 벌떡 일어나더니 2층 입구에 있는 얼음물을 컵에 따라 연거푸 두 잔이나 들이켰다. 수빈이에게 고백을 하려는지, 적잖이 긴장한 모습이었다. 자리로 돌아오던 통과 전긍이의 눈이 마주쳤다. 통은 자기가 잘하고 있다고 생각하는지, 전긍이에게 흡족한 미소를 보냈다.

전궁이가 아이들에게 나지막하게 말했다.

"저 자식, 자기가 뭘 잘못하는지 모르는 것 같아. 그게 제일 위험한데."

통이 자리에 앉자, 수빈이가 새쭉한 목소리로 말했다.

"암튼 나 너 엄청 보고 싶었단 말이야. 너랑 얘기하니까 그동안 쌓였던 게 막 풀리네. 역시 친구가 좋다. 참, 너 나한테 할 말 있다 그랬지? 뭔데, 뭔데?"

통의 동공이 흔들렸다. 전궁이도 덩달아 침을 꼴깍 삼켰다.

"오오!!"

방정이가 자기 주먹을 입에 넣고 발을 구르며 오두방정을 떨었다. 통이 막 입을 열려는 순간, 어디서 남자의 목소리가 들렸다.

"수빈아!"

딱 남자 아이돌 그룹 메인 보컬이 연상되는 톤 높은 목소리였다. 목소리의 주인공이 수빈이를 향해 걸어왔다. 남자 얼굴이 우유보다 더 뽀얬다. 다갈색 눈동자에서 뿜어 나오는 강렬한 눈빛에 남자마저 설렐 지경이었다. 2층이 갑자기 패션쇼 런웨이로 변한 것 같았다. 인간에게서 아우라를 느낄 수 있다는 걸 처음 알게 된 순간이었다. 통도 전궁이도 학교에서는 잘생긴 편에 속했지만, 그 남자와 견주면 평범해 보였다.

옥토끼가 옆에서 중얼거렸다.

"무슨 이목구비가 저렇게 자기주장이 강하냐?"

그 남자는 아무나 소화할 수 없다는, 몸에 붙는 흰색 트레이닝복을 입었다. 남자가 다가올수록 통의 까만색 민소매 티가 더욱 빈티 나 보였다. 까만색 민소매 티는 면도 안 한 통의 얼굴과 어우러져, 냄새가 날 것 같은 인상을 주었다. 실제로 냄새도 났다. 그리고 민소매 사이로 삐져나온 무성한 겨드랑이 털!

아, 통! 지켜 주지 못해 미안해!

남자가 와서 수빈이 어깨에 다정스레 손을 올렸다. 순간 통의 눈에서 화르륵 불길이 일렁거렸다.

"실장님이 빨리 너 데려오래."

"몰라, 몰라. 이제 막 만났는데. 안 갈래. 네가 알아서 말해 줘!"

"너 지난번에 피시방 가서 걸린 것도 내가 막아 줬잖아. 이번에도 걸리면 나도 어쩔 수 없어."

"가기 싫은데."

남자는 어느 누구라도 무장 해제 시킬 만한 눈웃음을 치며 통을 바라보았다.

"이 친구 만나러 나온 거야? 맨날 네가 얘기하던 그 친구? 안녕하세요? 우리 빈이가 자주 얘기해서 궁금했어요."

우리 빈이? 통의 눈에 경계심이 가득 찼다.

"근데 여자 친구가 다른 남자 만나니까 신경 쓰이긴 하네요."

여자 친구? 아이들은 사태를 파악하느라 바쁘게 눈빛을 교환했다. 어쩐지 느낌이 싸했다.

그때 수빈이가 웃음 섞인 목소리로 말했다.

"아까 얘기했지? 우리 회사에 초등학교 때부터 연습생을 한 애

있다고. 애야. 산율이라고 해. 산율아, 넌 무슨 시간 있다고 나왔냐?"

그 산율이라는 남자가 수빈이 머리를 쓰다듬었다.

"나 데뷔하면 이렇게 칠칠치 못한 널 누가 챙겨 주냐?"

"힝. 그러게."

수빈이가 자기 어깨에 얹힌 산율이 손을 만지작거리며 통에게 말했다.

"나 처음 와서 힘들 때부터 산율이가 이것저것 많이 알려 줬어. 회사 몰래 사귀고 있는데 이제 두 달 됐어. 우리 예전부터 약속했잖아. 누구 사귀면 서로 소개해 주기로. 참, 너 나한테 할 얘기 있다고 했잖아. 뭐야? 그것만 듣고 갈게. 너도 여자 친구 생겼어? 내가 아는 애야?"

아, 애처로운 통! 아메리카노 백 잔을 입에 때려 넣은 듯 통의 얼굴에는 씁쓸함이 가득 번졌다.

산율이 수빈이를 한 번 더 재촉했다.

"빨리 가자. 지금 들어가면 화장실 다녀왔다고 둘러대면 돼."

"아, 싫은데."

"안 돼, 수빈아. 내일부턴 나도 회사에 없을 텐데 잘해야지. 이만 수빈이 데리고 갈게요."

수빈이가 자리에서 일어났다.

"준석아, 미안! 안 쫓겨나려면 가야겠다. 암튼 다시 연락할게. 전화해!"

수빈이가 주먹을 통에게 내밀었다. 통은 내키지 않는 표정으로 자기 주먹을 갖다 댔다. 수빈은 산율과 손을 잡고 계단 아래로 사라졌다. 전궁이는 통을 바라보았다. 영혼에도 명치라는 게 있다면, 통은 그 명치를 누군가에게 세게 얻어맞은 것 같은 표정을 짓고 있었다. 통은 넋이 나간 사람처럼 흐물거리며 일어났다. 한 걸음도 못 걷고 바닥에 주저앉을 것 같았다. 방정이가 통의 오른쪽 팔을, 전궁이와 옥토끼가 왼쪽 팔을 잡았다. 셋은 응급 환자 수송하듯 통을 끌고 1층으로 내려갔다. 1층에는 산율이라는 애가 남긴 고급스러운 향수 냄새가 아직도 은은히 남아 있었다.

"야, 통 우는 것 같아."

방정이 말에 통을 보니, 통이 얼굴을 감싸고 있었다.

"너 우냐?"

"아니야! 땀이 자꾸 눈으로 들어가서 그래."

통이 큰 주먹으로 눈가를 훔쳤다. 방정이가 쇼핑백을 흔들었다.

"그럼 이거 여기서 더 팔아 볼까?"

옥토끼가 고개를 절레절레 흔들었다.

"아냐, 딴 데로 가자. 통한테는 이 장소 자체가 상처일걸? 수빈이에게 죄가 있다면 눈치가 없는 거더라. 그래서야 어디 연예인 하겠어? 하긴 그러니까 통이랑 불알친구로 지냈겠지."

전궁이 머릿속에 뭔가 번뜩 떠올랐다.

"종로 탑골 공원으로 가자. 생각해 보니까 나 어릴 때 울 할머니가 논에서 메뚜기 잡아다 볶아 주시고 그랬거든. 할머니 할아버지들은 관심 있을지도 몰라."

아이들은 물 먹은 솜처럼 늘어진 통을 질질 끌고 전철역으로 향했다. 아이들은 종로 3가 역에서 내려 어느 찜질방에서 잤다.

전긍이는 눈을 뜨자마자 아이들을 깨웠다. 아침 7시 15분이었다. 편의점에서 전긍이는 한 사람당 삼각 김밥을 딱 한 개씩만 허락했다. 전긍이는 돈 봉투를 꼭 쥐고 말했다.

"앞으로도 돈 관리는 내가 할 거야. 그래야 버틸 수 있어. 너희는 아무 생각 없이 돈을 다 털어먹을 인간들이야."

아이들이 전긍이에게 라면도 사 달라고 애원했지만, 전긍이는 단칼에 거부했다.

방정이가 투덜거렸다.

"독한 놈! 어젯밤에도 삼각 김밥 한 개씩만 사 주더니."

통은 실연의 상처 탓에 입맛을 잃을 만도 했지만, 제 것을 단 두 입 만에 해치우고 옥토끼와 전긍이의 삼각 김밥을 탐냈다. 통이 다시 힘을 찾은 듯, 편의점 테이블에서 벌떡 일어났다.

"다짐했어! 반드시 성공하기로! 난 어제 그놈보다 더 멋진 사람이 될 거야. 그놈보다 더 비싼 옷 입고, 더 비싼 차 탈 거야. 어제 곤충 사장 형처럼 멋져 보이는 어른을 또 만나면 어떻게 성공하는지 물어볼 거야. 나 이대로는 못 가! 너희는 돌아가고 싶으면 지금 돌아가도 돼!"

방정이가 비닐 안에 딸려 들어간 김까지 알뜰하게 뽑아 먹으며 말했다.

"나도 지금 안 가! 너희 알지? 이거 다 팔면 나한테 돈 절반 줘야 된다. 나 그걸로 어떻게든 일본 가 볼래. 히치하이킹해서 부산까지 공짜로 갈 거야. 부산에서는 제일 싼 배 타고 일본 가지, 뭐. 일본에서는 수돗물만 마시고 무전여행 할 거야. 나 잡지 마라."

과연 그럴 수 있을까 싶었지만, 방정이라면 못할 일도 아니다 싶었다.

통이 공원을 향해 걸었다. 아이들도 뒤따랐다. 삼일문을 지나 탑골 공원 안으로 들어가며 옥토끼가 중얼거렸다.

"삼일 운동이 시작됐다는 역사적인 장소에 내가 잡상인이 되어 들어올 줄은 몰랐네."

통은 곧장 팔각정으로 갔다. 탑골 공원 전체가 뭐랄까, 노인들의 테마파크 같았는데, 그중에서도 팔각정은 단연 핫플레이스로 보였다. 중학교 수학여행 갈 때 고속버스 맨 뒷자리가 학교에서 방귀 좀 뀌는 애들 자리였다면, 팔각정 자리가 딱 그랬다. 소싯적에 껌 좀 씹은 듯한 할아버지들 판이었다. 할아버지들은 장기를 두며, "내가 왕년에 말이야. 너 같은 거하고 장기나 두는 그런 수준이 아니었어."라며 전의를 불태우고 있었다. 내기를 하는 당사자는 말할 것도 없었고, 주변 할아버지들까지 남의 내기에 괜히 흥분해 있었다.

방정이가 구경꾼 할아버지들에게 다가갔다.

"아이고, 할아버님들! 건강에 진짜 좋은 단백질 식품을 가지고 왔어요. 한번 잡솨 봐요. 자, 힘이 불끈불끈 나는 식약청 인증 단백질 식품, 벼메뚜기! 단돈 만 원에 모십니다."

할아버지들이 반가워했다.

"어이구! 이거 우리 어릴 때 논에서 잡아다 구워 먹던 거 아냐?"

아이들은 종알거리며 팸플릿에 적힌 정보를 할아버지들에게 풀었다. 두툼한 돋보기를 쓴 어느 할아버지가 인자하게 웃었다. 그 할아버지가 지갑을 열어 빳빳한 만 원짜리 한 장을 전긍이에게 주었다. 옥토끼가 잽싸게 할아버지 어깨를 안마해 주었다.

할아버지가 활짝 웃으며 말했다.

"오랜만에 우리 손주들 같은 애들하고 얘기하니까 즐겁네그려. 자네들 이거 한번 먹어 보세."

아이들은 그렇게 팔각정을 지나 등나무 아래, 석탑 뒤에 앉은 할아버지 할머니들에게 식용 곤충을 팔았다. 아이들은 노인들에게 안마도 해 주고 노래도 불러 주었다. 아이들의 모습을 보고 여기저기서 할아버지들이 손짓했다.

통이 싱글벙글 웃으며 한마디 했다.

"아무래도 대기표를 나눠 드려야 할 것 같아."

탑골 공원 밖에도 할아버지들이 탁자를 놓고 삼삼오오 모여 앉아 바둑과 장기를 즐기고 있었다. 방정이가 말했다.

"여기 잘 온 것 같아. 애들이 제일 신날 때가 언제냐? 피시방 갔을 때잖아. 이 할아버지들도 똑같지. 지금 게임하시는 거잖아. 거기에 우리가 간식과 재롱, 건강 서비스까지 제공하는 거고. 우리 후손들은 우리가 할아버지 됐을 때 우리한테 뭐 팔려면 피시방으로 가야 할 것 같아. 우리가 게임하는데 자손들이 와서 추억의 오다리나 컵라면 팔고 그러면 사 먹겠지? 딱 그런 거야."

아이들은 돈 버는 재미에 빠져 오후 네 시가 넘어서야 삼각 김밥으로 늦은 점심을 때웠다.

"와, 이제 다섯 봉지밖에 안 남았어!"

전긍이는 몇 봉지 남지 않은 쇼핑백을 들고 뿌듯해했다.

이번에는 공원 밖 벤치에 앉아 있는 두 할머니에게 다가갔다. 두 분은 막장 드라마 이야기를 신 나게 하고 있었다. 그중 한 분이 알려 줄 게 있다며 전긍이 손목을 잡아끌었다.

"요 근처에 3천 원에 반찬 다섯 가지에다 돼지 불고기까지 나오는 식당이 있어. 까치식당이라고. 내 단골집인데, 한번 꼭 가봐라."

할머니는 팸플릿 여백에 식당 약도를 그려 주었다. 게다가 남은 곤충을 모두 사 주기까지 했다.

"이 다섯 봉지는 내가 다 사마. 경로당 가서 나눠주면 좋아할 것 같아."

전긍이는 봉투에 수북하게 들어 있는 돈을 만져 보았다. 이 정도면 옥토끼 오디션까지 빠듯하게 버틸 수 있을 것 같았다.

방정이가 호들갑을 떨었다.

"아싸! 난 오늘 떠난다! 오늘 최후의 만찬을 즐기고, 이제 너희랑은 안녕 할 거지롱. 전긍아, 오늘 고기 먹자."

통도 주먹을 꽉 쥐었다.

“나 이제 삼각 김밥 질렸어. 삼각형 보이면 막 때릴 것 같아.”

옥토끼도 불만 가득한 얼굴로 말했다.

“누가 내 피 뽑으려고 주사기로 내 핏줄을 팍 찌르면, 밥알이 삼각형 모양으로 튀어나올 것 같아.”

그러나 전긍이는 딱 잘라 말했다.

“돈만 생기면 대책 없이 쓰려고 좀 하지 마. 통! 네가 우리 먹여 살린다며? 그래 놓고 굶긴 게 몇 끼야? 옥토끼! 정신 차려. 네 본선까지 버텨야 돼. 그리고 이 돈의 반은 방정이 줘야 해. 방정이 가고 나면 우리는 세 명이야. 먹고 자고 하려면 허리띠를 더 졸라 매야 한다고. 지금은 아까 그 할머니가 알려 준 식당에서 먹을 거야. 3천 원에 고기랑 반찬이 다섯 가지나 나온다잖아. 약도 이리 줘 봐. 이쪽이네.”

통이 전긍이를 노려보았다.

“독한 놈.”

전긍이는 할머니가 그려 준 지도를 보며 큰 악기 상가를 끼고 왼쪽으로 걸었다. 3층짜리 낡은 상가가 이어졌다. 5분쯤 걷자 상가 재개발 지역이 나왔다. 건물 곳곳에 ‘철거 반대, 생존권 보장’ 현수막이 붙어 있었고, 상가는 텅 비어 있었다.

옥토끼가 주위를 둘러보았다.

“야, 여기 분위기 안 좋다. 이런 데 식당이 있을 리 없잖아.”

전긍이가 할머니가 그려 준 약도를 다시 보았다.

"아니야. 분명히 이쪽이야. 악기 상가 지나서 좌회전하면 딱 이 골목이잖아. 이 골목 지나면 시장 나오고, 그 식당 있을 거야."

낮인데도 텅 비어 있는 건물은 귀신이 나올 것처럼 을씨년스러웠다. 전긍이가 주위를 살피며 다시 길을 가늠해 보았다.

"얘들아, 이쪽 같아."

아이들이 골목 안쪽으로 발걸음을 옮겼다. 하지만 골목 끝에는 담벼락이 있었다.

통이 고개를 갸웃거렸다.

"어, 막다른 골목이잖아? 일단 여기 나가자. 왠지 감이 안 좋아."

아이들이 막 몸을 돌리려는 순간, 이런 소리가 들렸다.

"어이, 거기. 잠깐!"

전긍이와 아이들이 뒤돌아보자, 한눈에도 불량스러워 보이는 아이들 다섯 명이 전긍이 무리 쪽으로 왔다. 모두 덩치가 크고 위압적으로 생긴 아이들이었다. 전긍이는 갑자기 오줌이 마려워졌다.

"내 뒤로 와."

통이 아이들에게 자기 등 뒤로 숨으라고 했다. 전긍이는 예전에 통이 17 대 1로 싸워 이긴 적 있다고 떠벌리던 게 생각났지만, 조금도 안심이 되지 않았다. 전긍이는 방정이, 옥토끼 뒤에 딱 붙어서 고개만 내밀어 건너편을 바라보았다. 다리가 후들거렸다.

대장으로 보이는 아이 한 명이 물고 있던 담배를 바닥에 툭 떨구며 다가왔다. 나이는 전긍이와 비슷해 보였다. 눈매가 사납게

올라갔는데, 텅 비어 보이는 눈빛이 정말 아무 생각이 없어 보였다. 그래서 더 무서웠다. 그 애는 체격이 통보다 더 컸고, 온몸에서 불량함과 독기가 동시에 뿜어져 나왔다. 얼굴형이 역삼각형이어서 딱 독사 같았다.

독사가 입을 열었다.

"너네 아까부터 되게 거슬리더라. 하다 하다 이제 노인들 삥을 뜯냐? 여기 우리 구역인 거 몰라?"

통이 목소리에 힘을 주어 말했다.

"좋은 말 할 때, 가던 길 그냥 가라."

독사가 건들거리며 다가왔다.

"네놈들이나 말로 할 때 들어라. 아까 탑골 공원에서 번 돈이랑 너희 가진 돈 다 내놔."

"싫다면?"

"후회할 거야."

"그래도 싫은데?"

독사가 통을 가리키며 아이들에게 지시했다.

"너희는 저 한 놈만 맡아. 너희 둘은 저놈들 맡고."

"와!"하는 소리와 함께 두 아이가 통에게 달려들었다. 통이 처음 덤빈 녀석의 배에 주먹을 꽂았다. 녀석이 고꾸라졌다. 다음 녀석은 날아 차기로 허벅지를 가격했다. 녀석이 주저앉았다. 주저앉은 녀석의 어깨를 통이 발로 차자 그대로 나동그라졌다. 독사가 등 뒤에서 통에게 주먹을 날리려고 했다. 통이 재빨리 뒤돌아

독사의 어깨를 세게 밀쳤다. 그와 동시에 맨 처음 공격했던 아이가 오른쪽에서 공격해 오자, 통은 그 아이의 가슴팍을 발로 찼다. 17 대 1로 싸워 이겼다는 말이 완전히 뻥은 아닌 것 같았다.

전궁이는 통이 혼자 싸우는 모습을 보면서도 몸이 마비된 듯 움직이지 않는 자신이 원망스러웠다. 방정이와 옥토끼도 놀라 어쩔 줄 몰라 했다.

통이 싸우는 동안, 다른 두 명이 전궁이와 아이들에게 다가왔다. 그중 한 명은 민소매 티셔츠를 입고, 팔에 퍼렇게 용 문신을 새겼다. 문신을 허접한 업체에서 했는지, 팔뚝에 그려진 용 얼굴이 조악해서 꼭 이무기 같았다. 전궁이는 무서운 와중에도 그 문신이 웃겨서 쿡 웃음이 났다. 하지만 웃음이 났던 것도 잠시, 이무기 문신이 점점 가까이 오자 무서워서 이가 덜덜 떨렸다. 눈물도 찔끔 나왔다.

이무기 문신이 목소리를 쫙 깔고 말했다.

"돈 내놔."

"안 돼요."

이무기 문신이 건물 옆에 버려진 각목을 집어 들고 휘두르며 위협했다.

"야, 시간 없어. 빨리 돈 넘겨. 좋게 말할 때."

스포츠머리인 다른 아이가 양손으로 방정이와 옥토끼의 목을 잡고 둘을 벽 쪽으로 밀었다. 방정이가 성급하게 주먹을 날렸지만, 스포츠머리는 방정이 목을 그대로 잡은 채 발로 방정이 배를 찼다. 방정이가 고꾸라지자 스포츠머리가 방정이 등을 발꿈치로 찍었다. 한 손으로는 여전히 옥토끼 목을 조른 채였다.

전긍이는 얼굴이 하얗게 질려 벽으로 바짝 붙었다. 그 와중에도 돈 봉투를 절대 뺏기면 안 된다는 생각에 돈 봉투를 필사적으로 움켜쥐었다. 이무기 문신이 전긍이를 향해 각목을 내리쳤다.

"얼른 내놔. 확 쳐 버리기 전에."

전긍이는 머리를 향해 내려오는 각목을 팔로 막았다.

"아악!"

묵직한 고통이 온몸으로 퍼졌다.

이무기 문신이 전긍이 손에서 우악스럽게 봉투를 빼앗았다. 그 애가 다시 각목을 내려치려고 하자, 전긍이는 있는 대로 소리를 질러 댔다.

"꺄악! 악! 아악!"

통이 온갖 공격을 막아 내며 싸우다가 비명 소리를 듣고 전긍이 쪽을 바라보았다.

"전긍아! 괜찮아?"

순간 독사가 날아 차기로 통의 옆구리를 가격했다. 통이 쓰러졌다. 독사 무리 아이들이 달려가 통을 밟기 시작했다. 통은 머리 위로 손을 올리고 몸을 웅크리며 발길질을 견뎠다.

"그만!"

그때, 한 남자의 낮은 목소리가 들려왔다. 목소리에 카리스마가 실려 있어 아이들은 일제히 행동을 멈추고 소리 나는 쪽을 보았다. 전긍이는 어느새 딸꾹질까지 하며 울다가 목소리의 주인공을 찾았다. 뿌연 흙먼지 뒤로 한 남자가 보였다. 짧은 머리에 말쑥한 검은색 양복을 입은 그 남자는 얼핏 봐도 190센티미터가 넘는 큰 키에 어깨가 떡 벌어진 근육질이었다.

독사가 고개를 비딱하게 기울이며 물었다.

"뭐야, 당신?"

"네가 여기 짱이구나."

남자의 말에는 위엄이 있었다. 그 남자가 독사에게 손짓했다.

"너 이리 나와 봐. 힘을 이렇게 쓰는 건 양아치나 하는 짓이지."

"나 여기 아는 형님들 많아요. 저 건드리면 후회하실 텐데요."

독사가 어느새 존댓말을 했다. 남자가 한 손을 여유롭게 주머니에 넣고, 다른 한 손은 독사를 향해 까딱거렸다.

"덤벼 봐. 나랑 붙어서 이기면 네 마음대로 해라. 왜, 자신 없냐?"

"뭐래?"

독사는 이렇게 말하며 뒤를 돌아 자기 무리의 반응을 살폈다. 무리 아이들이 어서 나가라는 눈빛을 보냈다.

"덤벼."

남자가 그렇게 말하자, 독사는 "으악!" 하고 소리를 지르며 남자에게 달려들었다. 독사가 남자의 옆구리를 차려고 발을 날렸지만 그 남자는 가볍게 피한 뒤 독사의 목덜미를 쳤다. 독사는 그 자리에서 일어나지 못했다. 잠시 기절한 것 같았다. 남자는 돈 봉투를 들고 있는 이무기 문신에게 뚜벅뚜벅 다가가 봉투를 낚아

채서 전긍이에게 주었다.

"십 분 동안 다 머리 박아. 그 전에 일어나면 너희 뒷일 책임 못 진다."

남자의 말에 독사 무리가 일제히 머리를 박았다. 어느새 정신을 차리고 일어난 독사도 머리를 박았다. 남자가 전긍이와 아이들을 가리켰다.

"너희들은 나 따라와."

통이 일어나면서 머리를 박고 있는 이무기 문신의 옆구리를 세게 찼다.

"감히 우리 전긍이를 때리다니."

이무기 문신이 픽 쓰러졌다. 전긍이는 속이 후련했다.

아이들은 남자를 따라 큰길로 나왔다. 전긍이는 자꾸만 뒤를 힐끔거렸다. 아직도 심장이 벌렁거렸다. 이 동네를 벗어날 때까지 이 남자를 따라가야, 아까 그 애들에게 해코지를 당하지 않을 것 같았다.

아이들은 남자 뒤에 바짝 붙어 한참을 걸었다. 번화가가 나왔다. 한옥을 개조해 만든 음식점과 카페도 있고, 전통 기념품을 파는 가게도 있었다. 한복을 입은 젊은 남녀들도 눈에 띄었고, 외국인도 많았다. 방정이는 벌써 주변 풍경에 정신이 팔려 있었다.

남자가 뒤돌아보며 웃었다.

"여기 처음 오니? 인사동이야."

"아!"

그제야 통도 정신을 차렸는지, 남자에게 꾸벅 인사했다.

"감사합니다."

"그래. 대낮이라도 그렇게 으슥한 데는 다니지 마라. 그럼 다들 잘 가라."

방정이가 남자를 막아섰다.

"아저씨, 생명의 은인이신데 보답하고 싶습니다."

방정이는 전긍이 돈 봉투에서 돈을 꺼내 아이스크림 가게로 달려갔다. 마카롱 사이에 아이스크림을 넣어 주는 곳이었다. 방정이가 색깔별로 아이스크림을 사 와 남자에게는 노란색 마카롱 아이스크림을 건넸다.

남자가 빙긋 웃으며 시계를 들여다보았다.

"약속 시간까지 좀 남았구나. 그래, 여기 운치 있네. 여기 앉아서 먹고 갈까?"

넓은 도로 양쪽에 네모난 돌 의자가 군데군데 놓여 있었다. 아이들과 남자는 돌 의자에 나란히 앉았다. 돌 의자는 햇볕에 달구어져 기분 좋게 뜨뜻했다. 남자는 한입에 아이스크림을 넣고 양복 상의를 벗었다. 팔뚝의 근육 때문에 와이셔츠가 찢어질 것 같았다. 살다 살다 와이셔츠가 안쓰러워 보이기는 처음이었다.

방정이가 웃으며 말했다.

"와! 아저씨, 영화에 나오는 토르 같아요."

통이 토르 아저씨 옆으로 바싹 다가가 앉았다.

"저, 아저씨 근육 한 번만 만져 봐도 돼요?"

토르 아저씨가 웃으며 팔뚝과 가슴에 힘을 잔뜩 주었다. 통이 토르 아저씨의 팔 근육을 만지며 감탄했다.

"와, 근육 장난 아니네요! 완전 돌이야, 돌!"

"아저씨, 직업이 뭐예요? 이종 격투기 선수? 헬스 트레이너?"

토르 아저씨가 씩 웃었다.

"경호원이야."

"누구를 경호하시는데요?"

"경제인을 한 분 모시고 있어."

통이 벌떡 일어나 양손으로 허공에 휙 날리는 시늉을 했다. 입으로 슉슉 소리까지 냈다.

"경호원이요? 저도 나중에 경호원 해 볼까 생각했어요."

옥토끼가 핀잔을 주었다.

"통! 넌 누구만 만나면 뭐 다 해 본대. 전에는 벌레 키운다며? 욕심은 많아 가지고."

방정이도 끼어들었다.

"솔직히 말해. 너 성적 안 되니까 그냥 체대 생각하는 거잖아."

통이 다시 토르 아저씨 곁에 앉았다.

"얘들아! 꿈은 움직이는 거야, 하하. 나 사실 경호원도 하고 싶어. 아저씨는 어떻게 경호원 되셨어요? 경호학과 나오셨어요?"

"아니. 내가 대학 갈 때는 그런 학과도 없고, 정보도 전혀 없었어. 어떻게 해야 경호원이 될지 몰랐지. 그냥 막연히 고등학교 1학년 때 이쪽으로 가야겠다고 방향만 정했어. 고등학교 가서 성적이 중간도 안 나오니까 정말 자존심이 상하더라고. 그때 결심했지. '공부 잘하는 너희는 공부를 해라. 나는 내가 잘하는 운동을 하겠다.'고."

통이 토르 아저씨의 손을 덥석 잡았다.

"아저씨! 저랑 똑같아요! 저도 공부는 집어치웠어요! 저도 운동으로 대학 갈 거예요!"

방정이가 대번에 면박을 주었다.

"뭔 소리야, 통! 넌 성적이 중간도 아니잖아. 바닥이잖아."

토르 아저씨가 손으로 턱을 쓸었다.

"대부분 애들이 무작정 공부하다가 고3 때 원서 쓰면서, '나는 뭐 하지? 나는 무슨 과 가지?'이런 생각을 하잖아. 나는 고1 때부터 방향만큼은 확실히 정했어. 내 특성을 보니까 이런 쪽으로 가야겠다는 방향 말이야. 나는 운동하는 걸 좋아했고, 몸 쓰는 일을 하고 싶었어. 경찰, 군인, 경호원 같은 일을 하고 싶었지."

통이 토르 아저씨를 간절한 눈빛으로 쳐다보았다.

"저도 막연히 '나는 운동하는 거 좋아하니까 체대 가야 하나?' 이렇게 생각하고 있었어요. 경호원 하려면 체대 입시 학원에 다녀야 하나요?"

"내가 너희에게 들려주고 싶은 말은 어떤 꿈을 이루기 위한 방법에는 정말 여러 가지가 있다는 거야. 경호원이 되고 싶다고 해서 공부는 안 하고 운동만 하는 건 절대 권하지 않아."

"왜요?"

토르 아저씨가 통을 지그시 바라보았다.

"난 후배들이 꽃길만 걷기를 바라는 사람이야. 근데 내가 이 길을 걸어 보니, 흙길을 걷는 경호원이 참 많다는 걸 알았어. 경호원이 몸 쓰는 일이긴 하지만, 몸 키우는 일만 하면 일의 수명이 그리 길지 않아."

그때 토르 아저씨에게 전화가 왔다. 토르 아저씨는 유창한 영어로 대화하고 끊었다. 통이 주눅 든 표정을 지었다.

"헐! 아저씨, 영어도 잘하세요? 아까 공부 못했다면서요?"

토르 아저씨가 빙그레 웃었다.

"물론 고등학교 때는 중간 이하였지. 나는 운이 좋아서 동네 체육관 관장님을 잘 만났어. 그 관장님이 조언해 주시길, 운동은 어딜 가서나 할 수 있으니까 다른 특기를 키우면 더 좋은 길이 열릴 거라고 하셨어. 난 그 말이 일리 있다 싶어서 며칠을 머리 터지게 고민했어. 다들 운동은 비슷하게 하니까 나만의 무기를 만들자 생각했지. 나한테는 그게 영어였어. 그래서 영문과에 진학했지."

통이 놀라 물었다.

"체육 대학을 간 게 아니고요? 그럼 영문과 나와서 영어를 잘하시는 건가요?"

"아니! 영어를 잘하려고 노력했어. 경험도 쌓을 겸 어학연수를 가리라 마음먹고, 제대 후에 헬스장에서 트레이너 알바를 하며 돈을 모았지. 그렇게 1년 동안 번 돈을 착실히 모아서 캐나다로 갔어. 나는 경호원을 하더라도 대체 불가인 사람이 되고 싶었거든."

통이 중얼거렸다.

"음, 영어라니요. 한 번도 생각해 보지 않았어요."

"처음 캐나다에 갔을 때는 영어를 못해서 밥도 못 사 먹었어. 영어 못하면 생존을 못하겠더라. 그래서 기숙사 곳곳에 포스터를 붙였지. '동양에서 온 신비의 무술 마스터, 무료로 동양 무술을 가르쳐 드립니다.', '무료로 동양 스포츠 마사지 해 드립니다. 입만 가지고 오세요!'라고. 찾아온 사람들에게 스포츠 마사지도 해 주고, 무술도 가르쳐 주었어. 운동 동아리도 만들고. 한마디로, 운동하면서 영어 공부를 했지. 그러다가 지금 일을 하게 된 거야."

전궁이는 신기했다. 공부는 책상에 앉아서만 하는 줄 알았는데, 운동을 하면서 공부를 했다니!

옥토끼가 토르 아저씨를 쳐다보았다.

"아저씨는 경호하는 일이 좋으세요?"

토르 아저씨 얼굴에 미소가 어렸다.

"당연하지. 난 매일 가슴 뛰는 일을 해. 내가 누군가를 지킨다는 건 생각만으로도 가슴 벅차는 일이야."

통이 진지한 낯으로 물었다.

"근데 영어 잘하는 게 이 일을 하는 데 도움이 되나요?"

"그럼. 내가 모시는 분이 외국 CEO나 외국 정치인과 만날 때는 상대방 경호 팀과 함께 동선을 짜야 해. 그럴 때 의사소통은 주로 내가 도맡아 해. 경호는 혼자서 하는 일이 아니라 철저히 팀워크를 맞춰서 해야 하는 일이거든. 오늘 만나는 사람들도 예전에 미국 주지사를 경호할 때 알게 된 외국인들이야. 그 사람들하고 갈 식당을 알아보다가 너희를 만난 거고."

토르 아저씨가 자리에서 일어났다.

"내 말은 영어 공부를 열심히 하라는 뜻이 아니야. 꿈을 이루는 방법이 하나만 있는 건 아니라는 거, 그 꿈을 이뤄 줄 날개를 찾아야 한다, 이런 의미지. 그 꿈이 무엇이든 말이야."

"와, 완전 멋진 말이네요. 전 앞으로 운동하면 공부는 신경 안 쓰려고 했거든요."

그 말에 방정이가 껄껄 소리 내어 웃었다.

"통, 넌 지금도 충분히 신경 안 쓰고 있어. 누가 들으면 지금은 엄청 신경 쓰는 줄 알겠다."

"죽을래?"

둘이 또 아옹다옹했다. 그때 토르 아저씨의 휴대폰이 또 울렸다.

"애들아, 나는 이제 간다! 잘 가!"

토르 아저씨는 한 손으로 전화를 받으며, 아이들에게 손을 흔들었다.

"와, 오늘 진짜 감동이다."

통은 감격한 표정으로 토르 아저씨의 뒷모습이 사라질 때까지 바라보았다. 아직 어스름이 내리기 전인데도 가게마다 따뜻한 느낌을 주는 노란 불이 하나둘 탁탁 켜졌다. 전긍이도 그 풍경처럼 마음 한구석으로 따스한 감정이 밀려들었다. 오늘 힘든 일을 겪긴 했지만, 장사도 해 보고 좋은 어른을 만나 꿈에 한 발짝 더 다가간 기분이 들었다.

그 감상이 미처 사그라지기도 전에, 방정이가 전긍이에게 손을 쑥 내밀었다.

"나, 그 돈 반 줘."

옥토끼가 걱정스레 물었다.

"너 이 돈으로 일본 간다고? 얼마 안 될 텐데?"

"헤엄쳐서라도 갈 거니까 걱정 마."

전긍이는 괜히 울적해졌다. 넷이 다니다 셋이 다니면 조금 허전할 것도 같았다. 전긍이는 돈을 꺼내 방정이에게 건네려다 말고 고개를 갸웃하며 물었다.

"근데 너 여권은 어디 있어? 교복에 있어?"

전긍이가 교복이 든 비닐 가방을 들어올리자 방정이가 당황했다.

"나 배 타고 갈 건데 여권이 필요해?"

옥토끼가 웃음을 터뜨렸다.

"당연하지. 다른 나라 가는데."

"비행기 탈 때만 필요한 거 아냐?"

옆에서 통도 놀란 얼굴이었다.

"배 타는데 여권이 왜 필요해? 비행기 탈 때만 여권 검사하는 거 아니야?"

전궁이가 피식 웃었다.

"뭐야? 전교 1등이랑 전교 꼴찌랑 둘 다 바보네."

방정이가 입을 벌리고 눈을 뒤룩뒤룩 굴렸다. 옥토끼가 그 모습을 보고 웃었다.

"전궁아, 방정이는 아직도 못 믿나 봐."

"그러게."

"아, 여권! 내가 왜 그 생각을 못했지?"

방정이는 제 머리를 잡아뜯으며 잠시 망연자실한 표정을 지었다. 그러더니 또다시 상황을 재빨리 정리했다.

"어쩔 수 없지. 그럼 이번에는 그냥 너희랑 놀지, 뭐. 일본은 돈 벌어서 다음 방학 때 꼭 갈래. 그땐 절대 너희랑 안 엮일 거야! 지금부터 겨울 방학 일본 여행 계획 세워야겠다."

"진짜?"

"'여행의 진정한 의미는 새로운 풍경을 찾는 게 아니라 새로운 눈을 가지는 데 있다.'는 말이 있지. 마르셀 프루스트라는 소설가가 한 말이야. 꼭 일본에 가야 덕질 여행을 할 수 있는 건 아니지. 암!"

전궁이는 방정이를 와락 껴안았다. 녀석을 안는 순간, 땀으로 축축하게 젖은 녀석의 등짝에 손이 달라붙었다. 전궁이가 바로 후회하며 방정이를 밀쳐 내려는데, 통과 옥토끼가 그런 둘을 세게 껴안았다. 전궁이는 녀석들의 땀 냄새에 질식할 것만 같았다. 그럴수록 통이 더욱 격하게 아이들을 안았다. 방정이는 아이들을 떨구어 내고, 버스 정류장에 붙은 포스터를 가리켰다.

'청계천 빛 축제'

"축제래! 저기 가 보자. 재밌겠다."

조금 전까지만 해도 일본에 가겠다던 방정이가 대번에 서울 투어를 하기로 마음을 바꾼 것 같았다. 돈도 벌었고, 떠나기로 했던 친구도 남기로 하다니! 전궁이는 가벼운 발걸음으로 청계천 이정표를 보며 걸었다. 하지만 그곳을 찾아간 여파가 그렇게 커질 줄은, 그때는 꿈에도 몰랐다.

"얘들아, 저기 엄청 큰 파란 지붕 기와집 좀 봐."

"청와대잖아, 바보야."

"아, 그렇구나!"

"와! 아, 깜짝이야! 저 수문장 아저씨, 인형인 줄 알았더니 사람이네."

"여기가 그 촛불 집회를 했던 광화문 광장이란 말야? 텔레비전에서만 봤는데!"

청계천을 찾아가는 내내 옥토끼와 통, 방정이는 주위를 둘러보며 호들갑을 떨었다. 방정이는 어린애들이 놀고 있는 광화문 광장 바닥 분수로 뛰어들기까지 했다. 전궁이는 그러는 아이들이 창피해서 조금 떨어져 걸었다. 어디서 물비린내가 바람결에 실려 왔다. 아이들이 계단을 뛰어 내려갔다. 폭이 좁은 하천이 경쾌한 소리를 내며 흐르고 있었다.

통은 청계천을 보고 실망한 듯했다.

"에게, 이게 그 유명하다는 청계천이야?"

"동천 폭 반의 반도 안 되네."

"서울이라고 다 규모가 큰 건 아니구나."

통과 방정이는 순천을 가로지르는 동천과 청계천을 비교하며 침을 튀겼다.

옥토끼는 물 위에 놓여 있는 철사 조형물을 보며 말했다.

"그래도 이 조명에 불 들어오면 멋지겠다."

몇몇 사람들이 청계천에 발을 담그고 있었다. 평화로운 풍경이었다. 싱그러운 풀 냄새가 바람에 실려 와, 가출한 뒤로 내내 꿉꿉하고 눅눅했던 전궁이 마음이 조금 고슬고슬해졌다.

"축제라면 먹을 게 빠지진 않을 텐데."

방정이가 먹이를 찾아 인가를 헤매는 멧돼지처럼 주변을 수색하기 시작했다. 다리 세 개를 지나자 '우리 농부들 시장'이라고 적힌 입간판이 보였다. 흰 천막 아래 빵, 닭꼬치, 부침개, 떡, 음료수 등 주전부리를 파는 매대와 곡식, 과일, 채소 등 농산물을 파는 매대가 옹기종기 펼쳐져 있었다.

방정이와 통은 닭꼬치를 사 먹자고 전궁이를 졸랐다. 전궁이는 단칼에 거절했다.

"이따 삼각 김밥이라도 먹으려면 참아."

그때 반대쪽에서 한 무리의 사람들이 웅성거리며 몰려오고 있었다. 전궁이는 무슨 일인가 싶어 목을 빼고 바라보았다. 옆에 있던 교복 입은 여학생 한 명이 갑자기 꺄악 하고 길게 비명을 질렀다.

"'연예인 톡톡'이라는 텔레비전 프로그램 알지? 거기에 스타랑 길에서 데이트 하는 코너 있잖아. 그거 여기서 한대. 지금 SNS에서 난리 났어."

"누구 나오는데?"

"새 남자 아이돌 아키텐 알지? 데뷔 전부터 입덕한 애들 많잖아. 거기 메인 보컬 진짜 잘생겼어!"

"실화냐? 아키텐이라고? 걔들이 왔다고? 당장 가 보자!"

여자애 세 명이 모두 그리로 뛰어갔다. 아이들도 그 쪽을 쳐다보았다.

"옥토끼, 너도 나중에 래퍼로 성공하면 저런 거 하는 거 아냐?"

"우히히, 서울 오니까 연예인을 진짜 길에서 보는구나. 완전 신기해!"

"우리도 가자!"

아이들은 전긍이 대답을 기다리지 않고 뛰어갔다. 전긍이는 아이들을 놓칠까 봐 하는 수 없이 발걸음을 옮겼다. 통한테 맨날 힘만 센 게 무식하다고 놀렸는데, 힘이 세서 좋은 점이 있었다. 통이 불도저처럼 사람들 사이를 파고들어 길을 뚫어 준 것이다. 그렇게 맨 앞자리까지 오자, 환한 카메라 조명이 눈에 들어왔다.

그때, 전긍이 귀에 낯익은 목소리가 들렸다.

"아키텐 많이 사랑해 주세요! 감사합니다!"

목소리의 주인공은 바로 어제 만난 수빈이의 남자 친구 산율이었다. 산율이는 주변 시민들에게 손을 흔들며 인사하고 있었다. 전긍이는 통이 산율이를 보지 못하게 하려고 통의 앞을 막아섰다. 하지만 이미 통은 유체 이탈이라도 한 듯 멍한 표정을 짓고 있었다. 전긍이가 통을 잡아끌고 나오려는 순간, 인파의 저 끝자락에서 낯익은 실루엣을 보았다. 남들보다 목 하나는 더 큰 키, 직사각형 어깨와 몸통! 피바다 같았다. 전긍이는 가슴이 철렁 내려앉았다. 피바다가 이리로 뛰어오고 있었다.

전긍이가 아이들에게 외쳤다.

"야, 피바다! 저기 뛰어오고 있어!"

전긍이 말이 끝나자마자 방정이가 외쳤다.

"진짜? 뛰어!"

이번에는 방정이가 사람들을 헤집고 길을 만들어 주었다. 아이들은 인파 속에서 빠져나왔다. 전긍이는 정신없이 뛰었다. 몇 걸음이나 뛰었을까? 등 뒤에서 우당탕탕 무너지는 소리가 들렸다. 뒤돌아보니 통이 매대와 함께 나동그라져 있었다. 통이 넋 놓고 뛰다가 한 매대에 부딪쳐 넘어진 것이었다. 매대 위에 있던 물건들이 와르르 바닥에 쏟아졌다. 작은 찐빵처럼 하얀 물체였는데, 백 개는 넘게 바닥에 깔렸다. 아이들이 그 자리에 우두커니 멈춰섰다. 식혜를 팔던 아주머니가 널브러진 통 옆으로 다가왔다.

"얘, 너 안 다쳤니?"

통이 일어나 물건을 주워 담으려고 쭈그려 앉았다. 전긍이도 그냥 모른 척 지나갈 수 없었다. 도망가더라도 얼른 물건을 담아 올려 주고 가야 했다. 그때 방송국 팀이 이쪽으로 점점 가까이 다가왔다.

"잠깐만요!"

물건 주인 청년과 아이들이 큰 소리로 외쳤지만, 아이돌 추종자들과 방송국 관계자들 귀에 들어갈 리 없었다. 리포터의 낭랑한 목소리가 야속하게 들려왔다.

"우리 아키텐 멤버들은 길거리 음식을 좋아하세요?"

"그럼요. 완전 좋아하죠."

"어머나, 산율 씨! 소박하시네요. 그럼 광장 시장으로 가서 우리 멤버들이 좋아하는 음식 한번 골라 볼까요?"

그들은 이런 이야기를 하며 지나가 버렸다. 그들이 밟고 지나간 자리는 처참했다. 흰색 물체는 짓밟혀 형체가 어그러져 있었다. 전긍이 눈에 피바다가 이리로 뛰어오는 게 보였다.

'어떡하지? 도망갈까? 어쩌지? 아, 이렇게 잡히겠구나!'

옆에 있던 방정이는 급했는지, 그냥 청계천으로 뛰어들어 숨겠다고 했다. 물 깊이가 종아리 중간까지밖에 안 된다는 사실을 잊은 것 같았다.

그 순간, 아이들이 서 있던 다리 밑으로 조명이 켜졌다. 유니콘과 요정 모양 조형물에 휘황찬란한 불이 들어왔다. 피바다에게 붙잡힐 불행하고 비참한 순간에 가출 뒤로 가장 아름다운 장면이 펼쳐졌다. 이런 걸 모순이라고 하나, 역설이라고 하나? 이제 잡혀

갈 일만 남은 걸까? 전긍이는 눈을 꼭 감았다. 아프리카 초원에서 낙오되어 곧 사자에게 물릴 아기 코끼리가 된 심정이었다.

그런데 아무 일도 일어나지 않았다. 전긍이는 슬며시 눈을 떴다. 통이 전긍이 등을 착 소리 나게 때렸다.

“전긍이, 너 인마! 눈은 장식으로 달고 다니지?”

“왜?”

검은색 트레이닝복을 입은 아저씨가 조깅을 하며 아이들 곁을 스쳐 지나갔다. 밝은 불빛에 보니 피바다가 아니었다. 큰 키와 커다란 덩치는 닮았지만 얼굴 생김새는 전혀 달랐다.

방정이가 두 주먹을 불끈 쥐며 환호했다.

“오, 예! 다행이다!”

“다행이긴!”

목소리의 주인공은 매대 주인 청년이었다. 청년은 팔짱을 끼고 얼굴을 찌푸렸다.

“죄송합니다. 얘들아, 후딱 치우자.”

통의 말에 아이들이 바닥에 떨어진 물체를 치웠다. 물체는 빵이 아니라 버섯이었다. 청년이 일으켜 세운 매대에 붙은 노란색 종이가 눈에 들어왔다.

‘노루궁뎅이버섯’

“크크크, 이 버섯 이름이 노루궁뎅이래.”

방정이는 그 와중에 버섯 이름을 확인하고는 쿡쿡 웃었다.

통이 청년에게 다가가 고개를 푹 숙였다.

"죄송해요. 저희가 변상해 드릴게요."

옆에서 식혜 파는 아줌마가 말했다.

"학생들, 그거 엄청 비쌀 텐데?"

전궁이는 속으로 '버섯이 비싸 봐야 얼마나 하겠어?'라고 생각했다.

"너희가 엎지른 게 20만 원어치는 될 거야."

청년의 말에 전궁이는 눈이 튀어나오는 줄 알았다. 종이에 적힌 가격표를 보고는 깜짝 놀랐다. 청년이 바가지를 씌운 게 아니었다.

20만 원? 어떡하지? 도망갈까? 전궁이는 아이들을 살펴보았다. 방정이와 옥토끼는 당장이라도 뛸 기세로 상체가 기울어 있었다. 하지만 닭꼬치를 파는 아저씨가 방정이와 옥토끼의 목덜미를 우악스럽게 잡았다. 아저씨가 걸걸한 목소리로 말했다.

"이 사장, 이것들이 지금 튀려고 하네? 그냥 경찰에 신고해. 부모들한테 변상하라고. 너희들, 부모님들 전화번호 대라."

그 얘기를 듣자 전궁이는 눈앞이 깜깜해졌다. 청년이 경찰에 신고하면 당장 엄마가 달려올 테지. 엄마의 분노를 어떻게 막을까? 경찰이 오면 죄를 묻겠지? 뉴스에서 보면 도주할 우려가 있을 때는 구속도 하던데, 그럼 이제 나는 철창에 갇히는 건가? 결국 빛나 말처럼 철컹철컹 교도소에 가게 되는 건가? 전궁이의 눈에서 눈물이 흘러나왔다.

누가 먼저랄 것 없이 아이들은 청년 앞에 두 손을 모으고 싹싹 빌었다.

3

먼 꿈보다 내 곁의 버섯

"저희 몸으로 때울게요. 한 번만 봐주세요."

통은 아이들 네 명의 노동력을 제공해서 버섯 값어치만큼 갚겠다며 애걸복걸했다. 주변에 있던 농부 아줌마와 아저씨들이 그냥 경찰서에 연락해라, 집으로 연락해라, 생긴 게 뺀질하다, 요즘 애들이 일이나 제대로 하겠냐, 그나저나 버섯이 아깝다로 이어지는 엄청난 참견을 했다. 수많은 실랑이 끝에, 네 아이는 노동력을 제공하기로 하고 청년의 작은 트럭에 올라탔다.

방정이가 목을 빼고 청년에게 물었다.

"우리 어디까지 가요?"

"파주."

청년이 짧게 대답했다.

이번에는 통이 청년에게 물었다.

"근데 버섯은 누가 키우세요? 형은 알바생이에요?"

"내가 키워."

청년이 버섯을 키운 농부라니! 전궁이는 그 말을 듣고 잠시 놀랐다. 자기가 아무리 지방에 살지만, 초중고 친구나 무진고 선배들 중 농부가 됐다는 사람 이야기는 못 들어봤다. 농부가 꿈인 애를 본 적도 없었다. 보성에서 나고 자란 통도 마찬가지였다. 통은 보성에서도 농사짓는 사람들은 죄다 할머니 할아버지뿐이라고 했다. 통도 놀란 것 같았다.

"헐! 형이 농부라고요? 형 몇 살이세요?"

"스물다섯 살이야."

"와! 스물다섯 살이면 우리랑 여덟 살 차이밖에 안 나네요! 그럼 이제 형이라고 부릅니다! 근데 농사짓는 분 얼굴이 왜 이렇게 하얘요?"

운전대를 잡은 청년이 씩 웃었다.

"버섯 농사는 일 년 내내 실내에서만 지어서 그래."

차는 파주 시내로 들어선 뒤에도 구불구불하고 좁다란 도로를 한참 달렸다. 당장이라도 고라니, 멧돼지, 산토끼 들이 반상회를 열 것 같은 숲을 옆에 낀 채였다.

방정이가 말했다.

"형, 이러다가 북한까지 갈 것 같아요."

"이제 다 왔어."

청년이 너른 마당에 차를 세웠다. 청년은 마당 앞에 있는 회색 건물로 아이들을 안내했다. 농장이라기보다는 공장처럼 보이는 건물이었다.

철제문을 열고 들어가자 서늘한 기운이 몸을 감쌌다. 1층 건물이었는데, 복도 양쪽으로 문이 여러 개 있었다. 청년이 오른쪽 첫 번째 문을 열었다. 향긋한 버섯 냄새가 코를 찔렀다.

방 하나가 교실 두 칸 크기만큼 넓었다. 방 안에는 버섯이 담긴 유리병이 수백 개 놓여 있었다. 청년이 농장 구석구석을 소개해 주었다. 버섯 키우는 방이 아홉 칸이나 있었다. 청년은 사무실에서 아이들에게 향긋한 버섯 차를 타 주었다.

방정이가 차를 호로록 마시며 물었다.

"형, 여기서 혼자 농사지어요?"

"아니, 부모님이랑 같이. 부모님은 여행 가셨다가 내일 돌아오셔."

통이 일어나 90도로 허리를 굽혀 다시 한 번 사과했다.

"죄송합니다, 형님."

옥토끼 얼굴에는 호기심이 가득 어려 있었다.

"형은 왜 농부가 됐어요? 요즘 젊은 사람들 중에 농부는 거의 없잖아요."

"나도 처음부터 농부가 되려고 한 건 아니었어. 그래도 아버지가 농부셔서 늘 농부의 삶을 보고 자랐지."

"그럼 아버님을 보고 농부가 되기로 결심한 건가요?"

"아니. 아버지는 내가 어릴 때부터 다른 아저씨들하고 버섯 농장을 하셨어. 그러다 내가 중학생 되던 해, 대규모 버섯 농장이 생기면서 아버지 농장이 어려워지는 게 어린 내 눈에도 보였어. 그때도 농사지어서 큰 도매 시장에 버섯을 넘겼는데, 아버지를 따라가 보면 정말 말도 안 되는 헐값에 버섯을 넘기시는 거야. 그때 생각했지. '아버지는 일은 일대로 힘들게 하는데, 왜 가격을 제대로 못 받아 오지? 인터넷에서 버섯을 팔면 더 나을 텐데. 내가 해도 아버지보다 잘하겠다.' 이런 생각 말이야. 하지만 그때도 농부가 돼야겠다는 생각은 하지 않았어."

"어릴 때는 농부가 되려는 생각이 전혀 없었다고요?"

"응. 난 종합고등학교를 나왔어. 여기는 농어촌 지역이라 전문계 고등학교에서 1등을 하면 농협대학교라는 대학을 갔어. 거기 진학하는 게 내 꿈이었지."

방정이가 청년의 말을 잘랐다.

"잠깐만요, 형. 농협은 은행 아니에요? 농협에 무슨 대학교가 있어요?"

"농협대학교라고, 졸업하면 지역 농협에 취직할 수 있는 대학교가 있어. 난 우리 아버지 같은 농민들을 돕는 농협 직원이 되고 싶었어."

"형은 그 학교를 목표로 공부하신 거예요?"

"응. 3년 내내 그 학교를 목표로 공부했지. 근데 결국 떨어졌어. 떨어지니까 앞길이 참 막막하더라고. 한 달쯤 우울증에 걸린 사람처럼 방에만 틀어박혀 있었어. 삶의 낙이 사라진 느낌이었어. '왜 나만 이렇게 일이 안 풀리지?' 하는 느낌이랄까?"

전긍이는 그때의 청년 마음을 알 것 같았다.

형이 말을 이었다.

"대학 입시에 실패한 순간, '내가 진짜 좋아하는 건 뭘까? 나는 무얼 하면 잘할 수 있을까?' 이런 생각을 했어. 내가 중3 때 아버지 농장이 어려워져서, 난 그때부터 근처 보리밥집이나 칼국숫집에서 알바하며 용돈을 벌어 썼어. 식당에서 알바하는 것도 재미있었어. '그냥 알바만 하면서 살까? 아니면 남들처럼 공무원 시험을 준비해야 하나? 아니면 아무 대학이라도 가서 대학생 노릇을 해야 하나? 다른 사람들처럼 살아야 하나?' 그런 생각이 막 들더라."

방정이가 의아한 듯 물었다.

"그런데 어떻게 농대를 가셨어요? 한 번도 생각 안 해 보셨다면서요."

"그렇게 방황할 때 동네 어른 한 분이 농대를 가 보라는 거야. '이거다!' 싶었어. 난 그동안 아버지 옆에서 농사짓는 걸 보아 왔잖아. 농대에 가서 농사를 배우면 버섯을 아버지보다 더 잘 키우고 더 잘 팔 수 있을 것 같았어. 생물 시간에 미생물 이야기가 나오면 졸다가도 집중해서 들었거든. 그래서 농대에 가기로 했어."

옥토끼가 컵을 만지작거리며 웃었다.

"와, 형은 바로 옆에서 꿈을 찾을 수 있었는데, 그걸 몰랐던 거네요."

"맞아. 너희 「파랑새」라는 동화 알아? 한 남매가 행복을 주는 파랑새를 찾아서 여행을 떠나잖아. 온갖 고생을 해도 파랑새를 찾지 못했는데, 다 포기하고 집에 돌아와 보니 자기 집에 파랑새가 있었다는 얘기 말야. 난 어릴 때부터 농부가 되고 싶은 생각이 마음 한구석에 있었는데, 그 사실을 다른 대학에 떨어지고서야 알았어. 나야말로 곁에 있던 파랑새를 몰라봤던 거지."

전긍이는 자기 길을 찾은 청년이 부러웠다.

"형은 어느 농대 가셨어요? 우리 학교는 선배들을 명문대 농업학과 보내던데."

"내가 간 대학은 '한국농수산대학교'라는 국립 대학이야. 국가에서 영농 후계자를 위해 만든 학교지."

"전공은요?"

"특용작물학과 버섯 전공!"

방정이가 히죽 웃었다.

"와, 신선해요! 전 대학교에 경영학과나 화학공학과, 체육학과, 이런 것만 있는 줄 알았어요. 거기선 뭘 배워요?"

"3년 동안 버섯 재배의 모든 것을 배웠지. 1학년 때는 이론과 실습을 반반씩 했고, 2학년 때는 농가에 가서 장기 실습을 했어. 3학년 때는 실습 위주로 농사를 배웠고. 2학년 때 종균 회사에서 실습을 했는데, 시설이 엉망인 거야. 숙소 천장에는 곰팡이가 미켈란젤로의 〈천지창조〉처럼 피어 있고 쥐도 돌아다녔어. 그래도 일은 재미있게 배웠어. 버섯 연구회라는 곳에서도 실습을 했어. 어쨌든 난 대학에서 삶에 꼭 필요한 두 가지를 얻었지."

"그게 뭐예요?"

"바로 지식과 사람! 버섯 농사 지식을 학교와 실습장에서 체계적으로 배울 수 있어 좋았어. 또 좋은 분들도 많이 만났어. 지금도 궁금한 점이 있으면 그때 알게 된 박사님들이나 농사짓는 분들에게 물어봐. 나는 정말 대학을 잘 나온 것 같아."

방정이가 차를 한 잔 더 따라 마시며 물었다.

"그럼 졸업하고 바로 버섯 농사를 지으신 거예요?"

"응. 내가 대학 졸업한 후에 아버지가 함께 일하던 분들과 다투고 공동 법인체에서 지분을 챙겨 나오셨어. 새 농장은 예전 농장에 견주면 10분의 1 규모였어. 하늘이 무너지는 것 같더라. 소규모 농가는 업체들과 계약하기 힘들거든. 그때 아버지를 엄청 원망했지."

전긍이가 조심스레 물었다.

"왜 그러셨대요?"

"나중에 알게 된 사실인데, 그 공동 법인체에 빚이 너무 많아서 나한테 물려주기 싫으셨던 거야. 난 아버지에게 승부수를 던져 보자고 했어. 우리 농장에서는 특용 버섯만 재배하자고 했지. 소규모 농가가 대규모 농가와 경쟁하려면 대중적인 버섯을 재배하면 안 된다고 생각했거든. 그때 교수님도 버섯 연구회 분들도 이 결정을 말렸지. 실제로 버섯을 생산하고도 팔 곳을 찾지 못해서 1년 동안 2천만 원이나 적자가 났어. 애써 재배해서 판 버섯들이 상했다고 반품이 들어오기도 했고."

"와, 농사도 쉬운 일이 아니네요."

"맞아. 그때 머리에 새치가 생길 만큼 스트레스를 많이 받았어. 어느 날, 머리를 쥐어뜯고 싶은 심정으로 거울을 보는데 이런 느낌이 들었어. 이 모습이 꼭 누구를 닮은 것 같다고. 곰곰이 생각해 보니 바로 예전 아버지 모습이었어. 농장 때문에 힘들어하던 아버지의 모습 그대로 내가 그러고 있더라고. 그때 다짐했어. 아버지가 농부로 열심히 살아오신 것처럼, 나도 농부로 더 열심히 살겠다고. 그래서 다시 버섯 농장을 찾아다니면서 버섯 맛을 더 좋게 만들었지."

방정이가 눈을 빛냈다.

"버섯 맛을 좋게 만들 수도 있어요?"

"그럼! 그게 지식의 힘이지. 원래 노루궁뎅이버섯은 맛이 좀 쓰거든. 그렇지만 온도와 습도를 조절하면 맛뿐만 아니라 성장 속도도 조절할 수 있어."

"와, 그럼 버섯을 빨리 키우는 것도 가능하겠네요."

"그럼, 가능하지. 근데 버섯을 아무리 빨리 키워 내면 뭐 해? 안 팔리면 끝이잖아. 그래서 버섯 가공 제품도 만들어야겠다고 마음먹었어. 가공 시설을 만들려면 몇 천만 원이 필요해서 걱정했는데, 파주 기술 센터에서 시설을 이용할 수 있게 도와주었지. 그 가공 식품이 잘 팔려서 최근에는 직거래 사이트도 만들었어."

방정이가 정색하며 청년에게 물었다.

"형, 농사지어서 먹고살 수 있어요?"

"지금은 조금씩 자리를 잡아 가고 있어. 직장 다니는 친구들보다는 더 많이 버는 것 같아."

통도 궁금한 표정으로 물었다.

"형, 예전에 할아버지가 아버지한테 이런 말씀을 자주 하셨대요. '내가 너희 농사 안 짓게 하려고 공부 시키는 거다!'라고요. 근데 형을 보니까 농사도 잘만 지으면 좋겠다는 생각이 드네요. 형은 아버님 일을 물려받았지만, 아버님이 해 보지 못한 여러 가지 일에 도전하셨잖아요. 또 농사지으면 누가 저한테 이래라저래라 하지 않잖아요. 형, 저 농사 한번 지어 볼까요?"

전긍이는 그런 통을 보고 고개를 절레절레 저으며 생각했다.

'또 시작이다. 뭐만 나오면 죄다 해 본단다.'

하지만 통의 이야기를 들은 청년의 얼굴에는 자부심이 어렸다.

"그럼. 난 정말 농사짓는 게 좋아! 땅을 살리고 사람을 살리는 일이잖아. 근데 요즘 애들은 농사를 직업으로 생각하지 않지. 그래서 버섯 체험 농장도 만들고 싶어."

청년은 사무실 건너편 버섯 재배실을 가리켰다.

"난 저 공간을 체험 학습실로 만들고 싶어. 체험 농장을 운영하고 싶은 이유 중 하나는 학생들이 자기가 좋아하는 일이 무엇인지 느끼게 해 주고 싶어서야. 요즘 청소년들은 고등학교나 대학교를 졸업하고 취업할 때에야 비로소 자기가 좋아하는 일이 무엇인지 생각해 보잖아. 농사는 아직 기회가 많은 분야야. 사람들에게 농사도 진로에 넣어 보라고 말해 주고 싶어."

옥토끼가 말했다.

"만약 형이 다른 사람들처럼 점수에 맞춰 아무 대학이나 갔다면, 지금쯤 형은 평범한 취업 준비생이었을지도 모르겠네요."

"그럴 것 같아."

"형은 남의 시선보다 자기 소신대로 길을 찾으신 것 같아요."

옥토끼의 말에 청년이 멋쩍은 듯 머리를 긁었다.

"그렇게 거창한 건 아닌데."

방정이가 말했다.

"아니긴요. 다들 남의 시선 때문에 무조건 이름 있는 대학에 가고 싶어 하잖아요. 우리 사촌 누나도 음악에 관심 없는데 대학 가겠다고 부랴부랴 악기 하나 배우더니 억지로 대학 다녀요. 아! 도대체 그놈의 대학이 뭘까요?"

'꼬르르륵.'

그때 방정이 배에서 애절하고 장엄한 소리가 들려왔다. 그 소리에 모두 한바탕 웃었다. 청년이 농장 옆에 있는 집으로 아이들을 데려가 저녁을 차려 주었다. 농장에서 기른 버섯을 듬뿍 넣은 쇠고기 전골이었다.

"참 신기한 게, 농부한테 농사 지식만 필요한 게 아니더라. 이것도 사업이야. 생산, 유통, 판매, 홍보를 다 신경 써야 해. 이 버섯으로 어떻게 하면 맛있는 요리를 만들 수 있는지 홍보해야 해서, 요리사 친구한테 요리를 배우기도 했어. 상품 캐릭터나 상품 박스 디자인, 웹디자인도 필요하니까 미적인 감각도 필요하고."

"형님! 제가 또 한 그림 하거든요. 이 포장 상자 보니까 버섯 캐릭터 만들면 좋을 것 같아요. 제가 도와드릴게요!"

방정이가 잽싸게 스케치북에다 버섯이 엄지를 들고 있는 그림을 그려 보여 주었다.

"캐릭터는 제가 도와드릴게요. 웹디자인도요. 밥값은 하겠습니다."

방정이의 말에 청년이 환하게 웃었다.

아이들은 양볼이 미어져라 밥을 먹었다.

아이들이 청년과 이야기하며 먹는 사이, 농장에 밤이 찾아왔다. 청년이 부엌 안쪽 방에 이부자리를 펴 주었다.

자려고 누웠지만, 전궁이 머릿속에는 아까 청년이 한 말이 둥둥 떠다녔다.

"'이거다!' 싶었어."

전궁이에게는 아직 '이거다!' 싶은 일이 없었다. 하고 싶은 일이 뭔지, 공부하는 이유가 뭔지 깊이 생각해 본 적이 없었다. 눈앞에 닥친 공부만 했다. 전궁이는 친구들에게 이런 고민을 말해 보고 싶었다. 그런데 지금 녀석들은 선풍기를 자기 쪽으로 고정하겠다고 싸우느라 여념이 없었다.

'그래, 내가 너희들에게 무슨 말을 하겠냐…….'

전궁이는 한숨을 쉬며 일어나 불을 껐다.

이튿날 아침, 방정이가 컴퓨터로 버섯 캐릭터를 여러 개 그렸다. 버섯 상자 디자인과 홈페이지 디자인도 손봐 주었다.

청년이 방정이 솜씨에 감탄했다.

"정말 고마워! 너 진짜 금손이구나."

청년은 아이들을 1번 버섯 재배실로 데려가 버섯이 든 유리병을 조심스레 수레에 담아 사무실로 가져왔다. 유리병에 든 버섯을 꺼내, 상자에 스티로폼을 깔고 정성스럽게 담았다.

"버섯을 꺼낼 때는 정말 소중한 아기 다루듯 살살 만져야 해. 물러지거나 흠집이 생기면 상품성이 떨어져."

청년이 이렇게 말했지만, 매사에 덜렁대는 방정이는 아무리 조심해도 버섯에 자꾸만 자국을 남겼다.

아이들이 포장에 익숙해진 모습을 보고 청년이 전긍이에게 부탁했다.

"이제 너희끼리 할 수 있겠지? 4번 방에 있는 병들 좀 수레에 담아와 줄래?"

전긍이는 방정이와 함께 4번 방에 가서 병을 옮겨 담았다. 방정이가 방을 나가다 5번 방 앞에 멈추었다.

"여기 것도 가져가자."

"형한테 말하고 가져가야 하지 않을까?"

"아직 수레가 반도 안 찼잖아."

"그래도……."

방정이는 머뭇거리는 전긍이를 놔두고 5번 방으로 들어갔다.

"이리 와 봐. 여기 버섯들은 좀 작아."

"그러게. 지금까지는 다 크기가 같았는데."

"그럼 팍팍 크게 우리가 조정 좀 해 놓자."

"어떻게?"

"아까 형이 온도, 습도 조작하는 거 봤어. 여기 있다."

출입문 옆 벽에 보일러 계기판처럼 생긴 게 있었다.

"온도 습도 팍팍 올려놓지, 뭐. 그러면 버섯이 빨리 자랄 거 아니야?"

전궁이는 방정이가 청년의 말도 안 듣고 계기판을 만지는 게 영 찝찝했다.

"야, 하지 마! 냅 둬!"

전궁이가 황급히 말렸지만, 방정이의 손가락이 삐끗하며 버튼을 스치듯 눌러 버렸다.

"헉! 눌러 버렸네. 아, 몰라! 괜찮아. 봐 봐, 아무 일도 없잖아. 그냥 가자."

전궁이는 원래대로 돌리는 방법을 몰랐기 때문에 어쩔 수 없이 물러섰다. 전궁이는 찜찜한 마음을 안고 방정이의 손에 이끌려 사무실로 돌아왔다. 눈앞에 엄청난 양의 박스가 쌓여 있어서 조금 전 일을 잊고 포장을 시작했다.

한 시간쯤 흘렀을까?

'삐! 삐! 삐!'

농장 전체에 급박한 경보음이 울렸다.

"뭐지, 뭐지?"

전긍이가 당황하는 사이, 청년이 뛰쳐나갔다. 불이 났다고 생각한 통은 세면대 옆에 놓인 양동이에 물을 받아 그리로 뛰어갔다. 소리는 5번 방에서 났다. 청년이 계기판의 버튼을 몇 번 누르자 경보음이 사라졌다.

"휴, 다행이다! 기계 오작동이었어."

"오작동이요?"

"농장 설비가 참 복잡해. 아무리 조심해도 조금만 실수하면 애써 키운 버섯이 다 죽어. 그리고 시설을 아무리 개선해도 늘 화재 위험성이 있어. 아버지는 지금도 하루에 네 시간만 주무시면서 시설을 관리하시지. 어쩔 때는 주무시다가도 걱정되는지 벌떡벌떡 일어나셔."

통은 아직도 놀란 마음이 진정되지 않는 듯 숨을 몰아쉬었다.

"형, 저는 아까 형이 돈 잘 번다고 해서 편하게 버는 줄 알았어요. 농장에서 버섯 배양하고 나면 별로 할 일이 없는 줄 알았거든요. 근데 형 아버님이 잠도 못 주무시고 계속 관리하신다니까, 이 일도 되게 힘들겠다는 생각이 드네요."

"아버지는 항상 '모든 농작물은 주인의 타박타박 발소리를 듣고 자란다.'고 말씀하셔. 우리 농장은 자동화 시스템을 웬만큼 갖추었지만, 시스템보다 중요한 게 사람의 정성이야."

옥토끼도 착 가라앉은 목소리로 말했다.

"세상 모든 직업에는 빛과 어둠이 항상 같이 있나 봐요. 세상에 쉬운 일은 없는 것 같아요."

전긍이는 켕기는 마음으로 방정이를 바라보았다. 방정이는 지은 죄가 있어서인지 고개를 들지 않고 묵묵히 버섯을 포장했다.

청년이 버섯 상자들을 들고 사무실 문을 나서며 말했다.

"지금 아버지가 파주 읍내까지 오셨대. 이제 농장은 아버지한테 맡기고, 우리는 축제에 가서 이 버섯을 팔아 볼까?"

"축제요?"

"대학 선배가 자기 동네 축제에 와 달라고 부탁했어. 요즘 지역 축제 많이 열잖아."

축제가 열리는 곳은 파주와 동두천 사이에 있는 피안이라는 동네라고 했다. 차를 타고 30분쯤 지나 피안 읍내로 들어섰다.

'경축! 피안 금개구리 축제'

펄럭이는 현수막이 무색할 정도로, 축제 장소까지 이어지는 2차선 도로가 썰렁했다.

방정이가 입을 실룩거리며 웃었다.

"여기 사는 금개구리 수가 축제 보러 온 손님 수보다 많을 것 같아요."

하지만 축제장인 폐교에 도착해 보니 인근 지역 주민들 같은 할아버지 할머니들로 북적거려 제법 시골 잔치 같은 분위기가 났다. 장사하는 사람들도 많았다. 마을 주민들이 운영하는 먹거리 장터 말고도 많은 부스가 설치되어 있었다. 금개구리 모양 액세서리와 금개구리 도자기 인형을 파는 축제 맞춤형 부스도 있고, 액세서리며 가방 따위를 파는 매대도 있었다. 청년은 농산물 부스에 매대를 펼치고는 다른 축제에서 자주 보는 팀들이 많이 왔다며 한 바퀴 돌면서 인사를 하고 왔다. 그동안 아이들은 열과 성을 다해 영업을 했다. 다행히 버섯은 그럭저럭 팔렸다.

"너희도 구경 좀 하고 와."

한 시간쯤 지나자 청년이 아이들 등을 떠밀었다. 그 말이 떨어지기가 무섭게 통과 방정이는 먹거리가 있는 곳으로 뛰어갔다. 전긍이와 옥토끼는 수공예품을 구경했다. 그러다 한쪽 담벼락 옆 후미진 곳에 덩그러니 놓여 있는 매대 앞에서 발걸음을 멈췄다. 매대 위에는 배낭, 힙색, 에코백 등 여러 종류의 가방이 있었는데 같은 디자인이 하나도 없었다.

옥토끼가 하얀 색 힙색 하나를 집어 들어 냉큼 허리에 찼다.

"와, 예쁘다! 완전 취향 저격이야. 난 비싼 명품보다 이렇게 개성 있는 게 좋더라. 이 힙색이 나한테 데려가 달라고 손짓하는 것 같아."

옥토끼가 황홀한 눈빛으로 기둥에 달린 거울에 힙색을 이리저리 비춰 보았다.

"이거 얼마일까? 진짜 맘에 쏙 든다. 주인이 왜 없지?"

전긍이가 차분하게 말했다.

"내려놔. 이것저것 만져 봤자 마음만 아프잖아."

"난 여기가 제일 마음에 든다. 조금만 더 구경하자."

옥토끼는 보조 가방도 들어 보고, 카드 지갑도 만지작거렸다.

전궁이는 옥토끼가 가방을 사 달라고 조를까 봐 얼른 옥토끼 손을 잡아끌고 버섯 매대로 돌아왔다. 청년은 자리에 없고, 매대에는 통과 방정이만 있었다.

방정이가 전궁이를 보고 반가워하며 말했다.

"전궁아, 한참 찾았잖아! 닭꼬치, 추로스, 슬러시 사 줘."

전궁이가 단호하게 고개를 흔들었다. 그때 등 뒤에서 날카로운 소리가 들렸다.

"얘, 너희들!"

뒤돌아보니, 한눈에도 인상이 세어 보이는 누나가 서 있었다. 20대 중반쯤 되었을까? 짧은 커트 머리에 양쪽 귀에는 피어싱을 얼마나 많이 했는지, 피어싱을 다 빼면 귀가 너덜너덜할 것 같았다. 표범무늬 티셔츠에 카키색 반바지, 황토색 워커를 신어서 그런지 장사하는 사람 같지 않고 사파리 밀렵꾼처럼 보였다.

누나는 옥토끼를 위아래로 날카롭게 훑어보았다.

"힙색 어딨어?"

"네? 무슨 힙색이요?"

"나 없을 때 네가 와서 힙색 찬 거 본 사람 있거든?"

옥토끼가 놀라 눈을 동그랗게 떴다.

"제가 그걸 훔, 훔쳤다는 거예요?"

"아니라고 말 못하겠네. 잠깐 그 매대 아래 좀 봐도 되지? 내가 잠깐 자리 비운 사이에 매대에 올려놓은 힙색이 없어졌어. 네가 훔쳐 간 거 아냐?"

"아닌데요. 저 그런 애 아닌데요?"

누나는 옥토끼 말을 다 듣지도 않고 매대 앞에 쪼그려 앉더니, 곧 매대 아래를 뒤졌다.

통이 어이없다는 표정으로 따졌다.

"재가 안 가져갔다고 하잖아요?"

누나는 통에게 날카롭게 말했다.

"그럼 물건 훔쳐 놓고 자기가 훔쳤다는 사람도 있니? 야, 내 힙색 어딨어?"

"저 아니라니까요!"

아이들이 황당해하고 있는데, 누가 이쪽으로 뛰어오는 소리가 들렸다. 트럭에서 커피와 차를 팔던 뚱뚱한 아저씨였다.

"김 사장, 미안해. 나 방금 자기 매대에서 힙색 차 보다가 단체 손님이 오는 바람에 돈도 못 주고 그냥 와 버렸네. 이거 얼마야?"

아저씨는 속도 없이 환하게 웃으며 허리춤에 찬 흰색 힙색에서 주섬주섬 돈을 꺼냈다.

"3만 9천 원이요."

"이게 주머니가 여러 개 달려서 편하네. 김 사장, 잘 쓸게. 여기 돈. 아, 또 손님 왔네. 나 간다."

아이들의 눈이 옥토끼를 도둑으로 몰았던 누나에게로 향했다. 누나는 당황해서 아무 말도 못했다.

잠시 뒤 누나가 옥토끼에게 미안한 기색으로 말했다.

"오해해서 미안해."

옥토끼가 볼멘소리로 말했다.

"뭐예요? 미안하다면 다예요? 사람을 도둑 취급 해 놓고."

"암튼 정말 미안해."

누나가 후닥닥 자기 자리로 돌아갔다. 통이 씩씩거렸다.

"야, 당장 가서 복수하자! 뭐야? 저렇게 말 한마디 하고 내빼? 가서 매대 엎자."

통은 당장 그리로 뛰어가려고 했다.

그때, 부스 천막 끝에 달린 확성기에서 이런 안내 방송이 흘러나왔다.

"아, 아, 장기 자랑 신청하신 분들은 지금 무대 뒤로 모여 주시기 바랍니다."

방정이가 씨익 웃으며 옥토끼의 어깨를 두드렸다.

"옥토끼, 나쁜 일은 다 잊어버려. 자, 준비해."

"뭘 준비해?"

"장기 자랑."

"장기 자랑을 신청했다고?"

"응, 아까 돌아다닐 때 봤더니 장기 자랑 신청받더라고. 내가 네 이름 적고 왔어."

"왜 내 허락도 없이 내 이름을 적어?"

"1등 하면 30만 원 상품권 준대. 내 승부욕에 불을 지핀 거지."

"나더러 나가라면서 네가 왜 승부욕을 불태워?"

방정이가 옥토끼의 손을 꼭 붙잡았다.

"옥토끼, 너 어차피 '틴틴 래퍼' 무대에 설 거잖아. 리허설이라고 생각하고 서 봐. 내가 다 완벽한데 노래는 못하잖냐. 상품권 팔아서 놀이동산 가자. 쇼핑도 좀 하고."

방정이는 벌써 있는 대로 김칫국을 마시고 있었다. 방정이는 최면술사처럼 옥토끼에게 상품권을 향한 욕망을 불어넣었다. 통도 그 누나에게 복수하자던 혈기는 어디 갔는지, 상품권에 홀려 옥토끼를 부추겼다. 그 기세에 옥토끼가 마지못해 그러겠다고 했다.

드디어 장기 자랑 무대가 시작되었다. 장기 자랑 첫 번째 참가자는 위아래로 쨍한 옥색 트레이닝복을 입은 70대 할아버지였다. 할아버지는 트로트 〈어머나〉를 불렀다. 노래 시작부터 음 이탈이 났다. 그 뒤에 할아버지는 음정, 박자를 무시해 가면서 꿋꿋이, 온갖 폼을 다 잡으며 열창했다. 그 모습에 관객들이 아이돌 응원하듯 떼창을 했다.

"사랑해요! 좋아해요!"

일어나 덩실덩실 춤을 추는 어르신들도 있었다. 노래가 끝나자 열광적인 반응이 쏟아졌다.

"아이고, 신난다!"

"잘한다."

"앙코르!"

그 할아버지를 보며 옥토끼는 자신감을 찾았다. 방정이가 옥토끼 등을 두드렸다.

"저렇게 노래를 못해도 관객 반응이 좋잖아. 넌 실력이 있으니까 문제없어. 가자! 상품권!"

옥토끼가 무대 위로 올라갔다.

"안녕하세요. 옥한결입니다. 제가 부를 랩 제목은 〈별똥〉입니다. 비트 주세요."

옥토끼가 눈을 감고 감정을 잡았다. 잔잔한 비트가 흘러나왔다.

그거 알아? 별똥은 행성들이 흘린 눈물

그믐밤, 눈시울 붉히며 흘린 우울

나란 존재, 지구란 행성에

잘못 날아든 운석 하나네.

옥토끼가 읊조리듯 이 구절까지 불렀을 때였다. 앞줄 끝에 앉아 있던 할머니 한 명이 벌떡 일어나 커피 트럭 쪽으로 걸어갔다. 할머니는 귀에 낀 보청기를 만지작거리며 큰 소리로 전화를 했다.

"아가, 나다. 길가에 널어놓은 고추 좀 들여놔라. 응, 고수 말고 고추. 오늘 저녁에 너희 나라 음식 한다고? 쌀국수랑 뭐? 분짜? 그래, 좋다."

그 통화가 신호탄이라도 된 것처럼 관객들이 수군수군하기 시작했다. 옥토끼 노래는 하나도 들리지 않았다. 옥토끼는 자기가 부르는 노랫말처럼 이 축제장에 잘못 날아든 운석 같았다.

설상가상으로 객석 뒤쪽, 전긍이 바로 옆에 앉은 할아버지 둘이 대거리를 했다.

"재 노래 제목이 뭔 똥이라는데? 참, 자네 말이야, 남는 소똥 좀 줘 봐."

"왜유?"

"감나무 밭 거름 하게."

"못 줘유. 안 줘유. 저를 더 이상 호구로 보지 마세유. 지난번에 트랙터도 빌려 가서 망가뜨려 놨잖아유!"

"아니 예순밖에 안 된 놈이 어딜 대들어?"

"말이 나와서 말인데유, 지도 손주가 다섯이에유. 이제 소주 심부름 시키지 마세유. 소주 드실라면 직접 사 드세유."

"뭐라고?"

그렇게 시작한 말다툼이 끝내 몸싸움으로까지 번졌다. 땅딸막한 할아버지가 키 큰 할아버지 멱살을 잡았다.

관객들이 싸움을 말리는 사이, 옥토끼 노래가 끝났다. 옥토끼가 엉거주춤 인사했다. 박수 치는 관객은 거의 없었다. 옥토끼는 어깨를 축 늘어뜨리고 무대에서 내려왔다.

옥토끼 다음 참가자는 중년의 아줌마였다. 몸에 배터리 모양의 대형 스펀지를 걸치고 나왔다. 아줌마는 트로트 〈사랑의 배터리〉를 부르기 시작했다.

아까 통화하느라 분위기를 흩뜨린 할머니가 두 할아버지에게 버럭 소리를 질렀다.

"염병! 시끄러! 싸우려면 저 밖에 나가서 싸워!"

다른 관객들도 할아버지들을 타박했다. 두 할아버지는 다른 관객들의 만류에 못 이기는 척 싸움을 멈추었다. 언제 소동이 있었나 싶게 관객들은 손뼉을 치며 무대에 다시 집중했다. 책에서 본 판소리 마당처럼 관객과 무대가 하나가 되었다.

옥토끼는 얼굴이 사정없이 구겨진 채 버섯 매대로 돌아왔다. 학교 밖 첫 번째 무대였는데, 굴욕감만 안겨 준 무대였을 터였다.

"나 그냥 다 때려치울까?"

"왜? 여기는 관객이 다르잖아."

"하아, 나한테 재능이 있긴 할까?"

전긍이가 위로했지만, 옥토끼는 우울한 기색을 감추지 못했다. 방정이가 아쉽다는 듯 입맛을 다셨다.

"아, 아깝다. 옥토끼 너도 트로트 불렀어야 했는데."

그때 길쭉한 그림자가 매대 위에 드리워졌다. 아까 옥토끼를 도둑 취급한 누나였다. 통이 인상을 쓰며 말했다.

"또 왜요? 뭐요?"

누나는 아랑곳 않고 옥토끼를 보며 말했다.

"너 제법이더라."

옥토끼가 달갑지 않은 투로 대꾸했다.

"무슨 상관이세요. 왜요? 아까는 도둑이라면서요?"

"아깐 미안했어. 근데 너 라임도 괜찮고, 그루브도 잘 가지고 놀던데?"

방정이가 자랑스러운 얼굴로 말했다.

"그쵸? 얘 '틴틴 래퍼' 나갈 거예요. 예선 통과했어요."

누나는 "진짜?"라고 되물었다.

"축제 끝나고 너, 나 좀 보자."

그 말만 하고 누나가 자기 자리로 갔다. 통이 씩씩거렸다.

"뭐야? 왜 왔어? 지금이라도 가서 뒤집어엎고 올까? 와, 다시 생각하니까 또 열 받네."

"아니야. 냅 둬."

옥토끼는 힘없이 고개를 저었다. 자존감이 바닥을 기는 소리가 전긍이에게까지 들리는 것 같았다.

그 뒤로도 무대 위에서는 줄곧 트로트 파티가 벌어졌다. 아무리 생각해도 이 축제는 관광객 유치보다는 지역 주민 스트레스 해소용으로 만든 것 같았다. 장기 자랑 결과, 어쩌면 당연하게도 옥토끼는 탈락이었다. 참가상조차 없었다. 1등은 〈사랑의 배터리〉를 부른 아줌마가, 인기상은 〈어머나〉를 부른 할아버지가 받았다.

그 뒤 아이들은 묵묵히 버섯을 팔았다. 어느덧 해가 졌다. 풋풋한 풀 내음 속에서 풀벌레 소리, 금개구리 울음소리가 듣기 좋게 어우러졌다. 여기저기서 천막을 접었다.

아까 그 누나가 다시 아이들을 찾아왔다. 누나가 청년에게 다가가 무어라 속삭이자 청년이 빙그레 웃으며 아이들을 바라보았다.

"얘들아, 이제 노예 계약 끝이야. 오늘 도와줘서 고맙다."

청년이 방정이에게 봉투를 내밀었다. 방정이가 펄쩍 뛰었다.

"돈은 됐어요. 어제 저희가 망가뜨린 버섯이 많았잖아요. 안 주셔도 돼요."

사람이 양심이라는 게 있다면 이래야지 싶었다. 게다가 자기가 버섯들을 다 죽일 뻔했는데! 그래도 청년은 방정이 손에 봉투를 쥐여주었다.

"너희 오늘 하루 종일 네 사람 몫은 충분히 했어. 어제 버섯 값 제하고 넣었다."

"이걸 어떻게 받아요?"

"집에 돌아가려면 차비는 있어야 할 것 같은데?"

통이 한 방 먹은 얼굴로 말했다.

"형, 그럼 우리가 집 나온 거 다 알고도 데려와 주신 거예요?"

"그럼. 부모님 전화번호는 절대 안 된다고 비는 애들 보면 뻔한 거 아냐?"

"헐! 근데 왜 신고 안 하셨어요?"

"나도 너희 같을 때가 있었거든. 한창 아버지 농장 어려워지고 앞길이 막막할 때 엄청 방황했어. 스스로 갈피를 잡을 때까지는 누가 억지로 제자리로 돌려놔도 마음이 안 잡히더라. 그래도 부모님이 걱정하시니까 얼른 들어가. 세상 정말 흉해!"

전긍이는 콧날이 시큰해졌다. 청년은 기어이 방정이에게 봉투를 주었다.

"내가 서울까지 태워 주려고 했는데, 송아가 태워 준대."

그 누나 이름이 송아였나 보다. 통이 못마땅한 얼굴로 말했다.

"저 누나를 어떻게 믿어요? 아까 우리를 도둑 취급했단 말이에요."

"내 고등학교 후배야. 무슨 일 있으면 나한테 연락하고. 그리고 너희 오늘 신 나는 일 있을 거 같은데?"

전긍이가 물었다.

"그게 뭔데요?"

"그걸 미리 말해 주면 재미없지."

송아 누나가 다가와 전긍이 등을 툭 쳤다.

"왜? 쫄았냐? 내가 서해 꽃게잡이 배에라도 팔 것 같아?"

아니라고 말 못하겠다. 처음 본 사람을 어떻게 믿나?

전긍이가 우물우물 작은 목소리로 말했다.

"그냥 저희끼리 갈게요."

"안 따라오면 후회할 텐데. 그냥 타라. 오빠, 담에 봐요."

송아 누나는 아이들을 주차장으로 데려가 빨간색 경차에 타라고 했다. 차 앞자리 조수석에는 박스들이 쌓여 있었다. 뒷자리에 통과 옥토끼가 먼저 탔다. 방정이는 차에 타면서, 쭈뼛거리는 전긍이를 잡아끌었다.

"아, 그냥 타라고!"

전긍이가 마지막으로 탔는데, 자리가 비좁아 엉덩이가 저절로 공중 부양하는 기적을 체험했다.

송아 누나가 시동을 켜며 옥토끼에게 물었다.

"넌 랩 할 때 좋아?"

"그럼요. 랩은 제 전부인데요."

전궁이는 고개를 절레절레 흔들었다. 저런 민망한 말을 눈 하나 깜짝 안 하고 하는 옥토끼도 정상은 아닌 듯했다.

"래퍼 누구 좋아하는데?"

송아 누나의 물음에 옥토끼가 줄줄 이야기를 늘어놓았다. 송아 누나도 뭐라고 옥토끼에게 이야기를 했다. 전궁이는 이 누나가 자기들을 어디로 데리고 가는지 궁금했다. 피안 읍내를 벗어난 지 얼마 안 되어, 흰색 승용차 한 대가 송아 누나 차 앞으로 훅 끼어들었다. 송아 누나는 라이트를 위아래로 켰다 껐다 하며 욕을 퍼부었다. 경적도 신경질적으로 연달아 누르며 소리를 꽥 질렀다.

"어휴, 저런 것들은 그냥 콱 받아 줘야 돼."

전궁이는 놀라서 간이 떨어지는 줄 알았다. 옥토끼가 눈치를 보며 누나에게 물었다.

"누나, 아까 그 가방 직접 만드신 거예요? 진짜 잘 만들었던데요."

"헉! 아, 맞다!"

송아 누나가 대답하다 무언가 깨달은 듯 차를 바로 돌렸다. 잠시 뒤 창밖으로는 아까 본 읍내 풍경이 다시 펼쳐졌다.

"여기는 아까 축제장 가는 길 같은데요?"

통이 묻자, 송아 누나가 자기 오른쪽 머리를 콩콩 쳤다.

"그 가방 박스 하나를 놓고 왔어. 너 아니었음 큰일 날 뻔했다."

송아 누나는 다시 축제장으로 들어갔다. 매대가 있던 자리에 박스 하나가 덩그러니 놓여 있었다. 송아 누나는 박스를 앞자리에 툭 던져 넣었다.

도로에 차가 적어지자 송아 누나는 엑셀을 더 세게 밟았다. 송아 누나가 차선을 바꿀 때마다 범퍼카를 탄 것처럼 머리를 창문과 자동차 천장에 이리 쿵 저리 쿵 정신없이 부딪쳤다. 전긍이는 이러다 사고 나서 죽을 수도 있을 것 같아 불안해졌다. 전긍이는 창밖으로 튕겨 나갈까 봐 창문 위 손잡이를 부서져라 잡았다. 방정이는 전긍이가 겁에 질려하는 것은 아랑곳 않고 전긍이의 등을 찰싹 때렸다.

"야, 꿈틀대지 말고 가만히 좀 있어. 이 새끼 진짜 무겁네. 우리한테는 삼각 김밥 사 주고, 자기만 따로 뭐 사 먹은 거 아니야?"

창밖으로 대규모 아파트 단지가 보이면서부터 길이 막히기 시작했다. 그제야 전긍이는 마음이 놓였다. 송아 누나가 과속을 할래야 할 수 없었기 때문이다. 도로 오른쪽으로 넓은 강이 펼쳐졌다.

통은 싱글거리며 송아 누나에게 물었다.

"이 강 이름이 뭐예요?"

송아 누나가 무심히 말했다.

"한강."

한강을 보니 여기가 서울이라는 사실이 다시 한 번 실감 났다.

통과 방정이는 야경이 죽인다는 둥, 저기서 수영 내기하면 자기가 이길 거라는 둥 수다를 떨었다. 저승사자한테 끌려갈 때도 조잘거리며 즐겁게 따라갈 인간들이었다.

차는 번화가에 접어들었다. 창밖으로 붉은 벽돌이 깔린 광장이 나왔다. 광장 입구에 '마로니에 공원'이라는 표지판이 붙어 있었다.

방정이가 그 표지판을 보며 흥분했다.

"와! 여기 대학로인가 봐!"

송아 누나는 곧 실핏줄 같은 좁다란 골목을 요리조리 차로 누볐다. 골목마다 크고 작은 공연장이 있고, 그 앞에서 호객 행위를 하는 젊은 사람들이 보였다. 송아 누나가 어느 허름한 골목 담벼락 옆에 차를 세웠다. 아이들은 차에서 튕겨 나오듯 내렸다.

4

미래라는 미로

송아 누나는 낡은 벽돌 건물 앞으로 걸어갔다. 지하로 내려가는 계단 앞에서 아이들에게 오라고 손짓했다. 안에서 시끄러운 음악이 흘러나왔다. 간판에 'B1- 테세우스 Theseus'라고 쓰여 있었다. 통의 입이 한여름 해바라기처럼 활짝 벌어졌다.

"히히, 혹시 여기가 클럽이라는 곳?"

전궁이는 마지막으로 계단을 내려갔다. 계단에 들어서자마자, 덜 마른 시멘트 냄새가 났다. 계단 옆 벽에는 알록달록 요란한 그림이 그려져 있었다. 방정이가 벽을 만져 보며 말했다.

"와! 여기 그래피티 진짜 끝내준다!"

맨 앞에서 내려가던 통이 뒤돌아섰다.

"그래피티가 뭐야? 그래픽은 아는데!"

"무식한 놈! 벽에 스프레이로 그린 낙서나 그림을 그래피티라고 하잖아. 저항 의식과 반항 메시지를 담은 거! 지금은 이걸로 먹고사는 사람도 있대. 그래피티 아티스트라고. 이 그림 완전 멋지다!"

통은 못마땅한 표정이었다.

"다 큰 사람들이 낙서로 반항한다고? 너무 유치하잖아?"

옥토끼도 벽 그림에 연신 감탄하며 내려갔다. 전긍이도 그래피티를 난생 처음 보았다. 그중 전긍이 눈에 들어온 그림이 있었다. 그리스 신화의 한 장면 같았다. 미로 한복판에서 전사 차림의 테세우스가 괴물 미노타우로스와 대결하는 장면이 과장되게 그려져 있었다. 테세우스의 한 손에는 미로를 빠져나오게 해 줄 빨간 실패가 들려 있었다. 서울에 와서 별걸 다 구경하니 신기했다.

지하 1층 유리문을 열고 들어가자, 눈앞에 낯선 세계가 펼쳐졌다. 푸른색 조명 아래 뿌연 연기가 자욱했다. 무대에서 공연할 때 내뿜는 연기였다. 실내는 그리 넓지 않았다. 오른쪽 벽에 무대가 있고 그 왼쪽에는 흰 티셔츠를 입은 사람이 기계 앞에서 디제잉을 하고 있었다. 공간을 가득 채운 음악 소리에 가슴이 쿵쿵 뛰었다. 가게 안에는 40여 명의 사람들이 빽빽하게 들어차 있었다. 무대 오른쪽에 있는 바에서는 남자 직원 두 명이 손님들에게 음료를 내고 있었다.

전긍이가 통의 팔을 잡아끌었다. 전긍이는 이 모든 광경이 어리둥절하기만 했다.

"여기 우리가 와도 되는 곳이야?"

통은 대답 대신 흘러나오는 음악에 맞춰 연체동물처럼 온몸을 흐느적거렸다. 잠시 음악이 끊겼다. 스냅백을 뒤로 쓴 남자 두 명이 무대에 나오자, 관객들이 환호했다. 두 남자는 능숙하게 리듬을 타며 랩을 했다. 관객들을 압도하는 세련된 무대 매너를 선보였다. 많아야 열아홉, 스무 살로밖에 보이지 않는 얼굴들이었다.

옥토끼가 흥분한 낯빛으로 전궁이를 잡아끌었다.

"와! 저 사람 사누스 크루야. 와, 저 형들을 여기서 보다니!"

"그게 누군데?"

"우리나라에서 제일 랩 잘하는 10대 래퍼들."

그 뒤로 네 명이 더 공연을 했다. 모두 10대로 보였다. 관객들의 호응을 이끌어 내며 랩을 하는 솜씨가 노련해 보였다. 통과 방정이는 다른 관객들처럼 방방 뛰면서 손을 번쩍 들고 즐겼다. 랩 후렴구를 큰 소리로 따라 하기도 했다.

전궁이는 속으로 '미성년자가 여기와도 되나?' 하는 생각이 내내 들었다. 그러다 옥토끼를 바라보았다. 옥토끼는 심각한 표정으로 입을 벌리고 환호했다가, 넋을 잃고 감탄사를 내뱉기도 했다. 그러고는 펀치 라인이 예술이라는 둥, 라임이 대박이라는 둥, 훅이 제대로 걸렸다는 둥, 비트를 완벽히 이해하고 있다는 둥, 바이브가 장난 아니라는 둥, 비트 드랍 될 때 심장이 터지는 줄 알았다는 둥 전궁이가 알아들을 수 없는 말을 조잘거렸다. 전궁이는 그 모습을 보며 생각했다. 진짜 좋아하는 일은 자기가 신

나서 몇 시간이고 이야기할 수 있는 거구나 하고.

공연이 끝나자, 송아 누나가 옥토끼에게 다가왔다.

"너도 무대에 한 번 서 봐. 내가 사장님한테 말했어. 아까 그 비트로 할 거야?"

옥토끼는 잠시 놀란 듯했지만, 이내 감격에 겨운 표정을 지었다. 옥토끼가 잔뜩 긴장한 얼굴로 무대에 올라갔다. 옥토끼는 관객들과 눈을 마주치지 못한 채 마이크에 입을 댔다.

"제목은 〈별똥〉입니다. 비트 주세요."

옥토끼의 시선이 허공을 헤매는 동안 비트가 흘러나왔다. 낮에 옥토끼에게 치욕을 안겨 준 바로 그 랩이었다. 옥토끼가 랩을 시작했다.

그거 알아? 별똥은 행성들이 흘린 눈물

그믐밤, 눈시울 붉히며 흘린 우울

나란 존재, 지구란 행성에

잘못 날아든 운석 하나네.

타 버린 내 조각 찾는 게 내 인생 명제

오늘따라 밤하늘은 끝도 없이 아득해.

사람들 웃음 속에서도 문득 느껴지는 외로움

사느라 빌빌댈 땐 커져 가는 괴로움

혼자는 초라해 함께는 힘들어

눈물 삼켜 거울 속 슬픈 나

무언가 잃은 것 찾으려나.

오늘 밤도 밤하늘 올려보는 또 다른 난

텅 빈 하늘을 상처처럼 그어 버린

이 별에 잘못 날아든 별똥별 하나.

사람들은 숨을 죽이고 옥토끼의 랩을 들었다. 조금 전 다른 사람들의 무대가 신 나고 힘이 넘쳤다면, 옥토끼의 무대는 사람을 집중하게 했다. 투박하지만 옥토끼만의 울림을 느낄 수 있는 무대였다.

옥토끼의 랩을 가만히 듣고 있자니 전궁이는 옥토끼가 왜 가끔 야자 시간에 깊은 한숨을 내쉬는지, 자기 껍데기 속에 숨어 버리는 고둥처럼 행동하는지 조금은 알 것 같았다. 랩이 끝나자 관객들이 환호해 주었다.

옥토끼가 무대에서 내려왔다.

"어휴, 떨려."

방정이가 옥토끼 어깨에 손을 살짝 올렸다.

"달나라 옥토끼! 네가 잘못 날아든 별똥이라고? 이제 네 별로 가야지."

얼굴이 빨갛게 달아오른 옥토끼가 방정이를 물끄러미 바라보았다. 방정이가 활짝 웃으며 방아 찧는 시늉을 했다.

"달나라가 네 별 아니야? 달나라에 가서 방아 찧어야지. 쿵덕 쿵덕 쿵덕쿵덕 떡을 만드세. 니나노. 우히히히."

옥토끼가 어이없다는 듯 쓴웃음을 지었다. 통은 심각한 얼굴로 한 손을 옥토끼 어깨에 올려놓았다.

"옥토끼! 가사 들어 보니까 너 왕따 당했구나. 외롭고 괴로웠다고? 어떤 새끼가 우리 옥토끼 괴롭혔어? 당장 때려 줄게."

송아 누나가 아이들에게 다가와 그만 가자고 했다. 통이 계단 위로 올라와 송아 누나에게 물었다.

"그런데 우리를 왜 여기 데려오신 거예요?"

송아 누나가 턱으로 옥토끼를 가리켰다.

"아까 보니까 곧잘 하더라고. 랩에도 유행이 있어서 누구 하나 뜨면 다 그 사람 따라 하거든. 근데 얘는 자기만의 색이 있더라. 그리고 방송 나간다며? 그 프로그램 나가기 전에 얘한테 무대 기회를 한 번 주고 싶었어. 아까 꼴을 보니까 동네 노래자랑에도 못 나가 본 것 같아서. 게다가 이 클럽에서 오늘 10대들이 공연한다기에 잘됐다 싶었지."

방정이가 눈을 동그랗게 떴다.

"진짜 그 이유 때문에 여기까지 우리를 데려와 주신 거예요?"

"내가 길고양이만 봐도 그냥 지나치지 못하는 화훼와 같은 마음씨를 지녔거든."

방정이가 송아 누나를 보며 말했다.

"화훼는 꽃이고요. 하해겠죠."

어쩐지 송아 누나랑 통이 같은 족속으로 보였다.

"이제 너희 갈 길 가. 너 옥토끼라고 했지? 오디션 잘 보고!"

송아 누나는 주차해 둔 곳과 반대 방향으로 걸어갔다. 그걸 보니 송아 누나 집이 이 근처인 것 같았다.

"잠깐만요!"

옥토끼가 송아 누나 팔을 잡았다.

"누나도 래퍼죠? 그쵸? 활동 이름이 뭐예요?"

송아 누나의 눈빛이 잠시 흔들렸다. 전긍이 머릿속으로 티라노사우르스, 자칼, 스라소니, 하이에나 같은 육식 동물의 이름이 스쳐 지나갔다. 그 이름들 못지않은 강렬한 이름이 송아 누나 입에서 흘러나왔다.

"MC 드릴."

"헐! 이름이 너무 무서워요."

"내 앞의 장애물을 다 뚫고 간다는 뜻이야."

방정이가 뒤돌며 깐족거렸다.

"어쩐지 기가 느껴지더라. 엄청 센 기운."

옥토끼가 송아 누나 앞을 막아섰다.

"누나, 랩 잘하려면 어떻게 해야 해요? 방금 저 사람들 공연하는 거 보고 엄청 충격받았어요. 저 사람들도 다 10대잖아요. 저는 랩을 혼자서만 해 봤거든요. 무대는 학교 축제 무대가 유일했고요."

방정이가 바로 끼어들었다.

"내가 얘기해 줄게. 넌 관객들하고 시선도 못 마주치잖아. 그게 자신감이 없어 보여."

"맞아. 랩은 자신감이 반이지. 넌 왜 랩을 해?"

송아 누나의 질문에 옥토끼 표정이 환해졌다.

"그냥 좋아서요. 중3 때 우연히 〈8마일〉이라는 영화를 봤어요. 에미넴이 랩 하는 거 보고 완전 반했어요. 에미넴 별명이 '토끼'더라구요. 저도 별명이 '옥토끼'거든요. 운명 같달까? 반 여자애들이 아이돌 좋아할 때 '최애, 즉 최고 사랑하는 아이돌은 내가 선택하지 않는다. 그가 먼저 찾아오는 것이다.'라고 했거든요. 그때는 비웃었어요. 근데 저한테 랩이 그랬어요. 랩이 저를 찾아왔어요. 그 후로 학교 축제 때 랩을 했는데, 모두 저를 알아주는 거예요. 그때부터 랩을 해야겠다는 생각을 했죠."

전궁이는 옥토끼가 운명이라느니 랩이 날 찾아왔다느니 하는 이야기가 낯간지러웠다.

그러나 송아 누나는 진지한 얼굴로 옥토끼에게 물었다.

"그래서 넌 앞으로 어떤 음악을 할 건데?"

"저는 다른 래퍼처럼 '스웨그', '턴 업' 이런 것보다 제 이야기를 하고 싶어요. 제 안에서 흘러나오는 것을 표현하는 게 음악이잖아요."

"그래서 그랬구나. 네 무대는 뭐랄까, 꼭 일기를 듣는 느낌이었어. 너 일기와 소설의 차이를 아니? 일기는 그냥 자기가 읽으려고 쓰는 거야. 소설은 누가 읽어 주길 바라며 쓰는 거고. 사람들에게 울림을 주려면 다른 사람들과 소통하는 법을 알아야 해. 너의 진심, 너의 이야기를 전달할 때 사람들이 받아들일 수 있게 해야지."

옥토끼는 그 말을 듣고 발끈했다.

"그건 자기를 버리는 거 아닌가요? 제가 음악을 하는 이유는, 저는 남들과 다르다는 걸 보여 주고 싶어서예요. 전 그냥 제가 하고 싶은 이야기를 할 거예요."

송아 누나가 혀를 찼다.

"쯧쯧, 그런 자신감은 대체 어디서 나오는 거니? 너, 세상이 쉬울 것 같지? 시간이 지나면 너도 알게 될 거야. 좋아하는 일만 하면서 살 수는 없다는 걸."

옥토끼가 의아한 눈길로 송아 누나를 쳐다보았다.

"좋아하는 일이 있는데도 그걸 외면하고 사는 건 비겁한 태도 아니에요?"

"그걸로 먹고살 수 없다면? 네가 너를 먹여 살려야 꿈도 이룰 수 있잖아."

"좋아하는 일을 하려면 어느 정도 배고픈 건 각오해야 되지 않나요?"

"그러다 진짜로 굶어 죽으면?"

"에이, 설마 굶어 죽기야 하겠어요? 잘하면 되겠죠."

"꿈이 직업이 되려면 진짜 잘해야 해. '좀 잘'이 아니고 '진짜 잘' 해야 해."

"그럼 진짜 잘하면 되죠."

"텔레비전에 나오는 래퍼들이 돈 잘 번다니까 다 그럴 것 같지? 그게 다 허상이야. 상위 1퍼센트 예술가가 99퍼센트의 수입을 다 가져가는 데가 이 바닥이라고. 수많은 래퍼들이 알바를 몇 개씩 하면서, 배고파하면서 꿈을 좇고 있어."

송아 누나가 손가락으로 클럽을 가리켰다.

"저 클럽 만든 래퍼는 저거 만들려고 마흔 살 될 때까지 알바를 하루에 두세 개씩 하면서 악착같이 돈을 모았어. 후배들에게 무대를 만들어 주려고. 후배 래퍼들이 설 무대가 없는 걸 아니까. 후배들이 얼마나 배고프고 절박하게 사는 줄 아니까."

방정이가 눈치 없이 또 끼어들었다.

"누나도 저 무대에 서는 후배 중 한 사람이고요?"

송아 누나가 어울리지 않게 한숨을 후, 뱉어 내며 말했다.

"맞아. 꿈하고 현실은 참 다르더라. 꿈만 찾아가면 현실이 어렵고, 현실만 따라가면 꿈이 멀어져. 옥토끼를 보니 나 어릴 때 생각이 나서 여기 데려온 거야. 나도 그때 누가 이런 데 한 번이라도 데려와 줬다면 얼마나 좋았을까 싶어서. 암튼 옥토끼, 오디션 나가서 잘해라."

송아 누나가 손을 흔들고 뒤돌아섰다.

그때 방정이가 배를 부여잡았다. 또다시 과민성 대장 증후군이 도진 것 같았다. 아니면 그동안 손 씻는 꼴을 못 봤는데, 장염에 걸린 걸지도 몰랐다. 방정이가 절박한 목소리로 송아 누나에게 말했다.

"앗, 누나! 누나 집이 이 근처면 화장실 좀 빌려도 될까요? 아까 클럽에 있을 때부터 신호가 왔는데, 거기 화장실 변기가 고장

났더라고요."

"알았어. 바로 저기야."

아이들은 송아 누나를 따라 주택가 골목을 조금 걸었다. 방정이는 대장에서 밀려 나오는 배설물 대폭발 사태를 막으려고 한쪽 손을 엉덩이에 대고 신음 소리까지 내며 몸을 뒤틀며 걸었다. 송아 누나가 낡은 연립 주택 지하로 내려갔다.

"들어와."

고장 난 전등이 깜빡거리는 계단 아래로 송아 누나가 사라지자, 통이 아이들에게 말했다.

"저 누나 참 박력 있다, 그치?"

방정이가 힘겹게 말했다.

"와우, 난 좀 무서워. 친누나였으면 엄청 맞았겠어."

전긍이도 손사래를 쳤다.

"기 센 사람은 우리 엄마 하나로 충분해."

옥토끼가 계단을 내려가며 중얼거렸다.

"오늘은 다 땅속으로 들어가네. 아까 클럽도, 누나 집도."

전긍이가 문을 열려고 했는데, 이상하게 문이 다 열리지를 않았다. 힘껏 문을 밀어 간신히 들어가서 현관문 옆을 보니, 치우지 않은 쓰레기봉투들이 포도송이처럼 쌓여 있었다. 그 봉투들 때문에 문이 다 열리지 않았던 것 같았다.

전긍이는 집 안 풍경에 압도당했다. 방 두 개에 거실이 제법 넓었는데, 온 집 안이 쓰레기로 가득 차 있었다. 통과 방정이도 더

럽고 치우지 않기로는 최고인 애들인데, 그 둘마저 충격을 받은 듯했다.

"랄 언니!"

송아 누나가 거실을 향해 빽 소리를 지르자, 한 누나가 현관으로 걸어 나왔다. 하얗고 작은 얼굴에 단발머리를 한 누나였다. 잠자리 날개처럼 하늘거리는 검은색 투피스를 입고 있었다. 누나는 송아 누나와 달리 단아하고 침착해 보였다. 아이들이 누나에게 인사를 했다. 누나는 아이들에게 인사만 간단히 하고, 거실 끝에 있는 재봉틀로 가서 바로 박음질에 몰두했다.

옥토끼가 충격을 받은 얼굴로 전궁이에게 무언가를 가리켰다. 맙소사! 길가 쪽으로 난 부엌 창틀에 보라색 들꽃 하나가 하늘거리고 있었다.

"저게 뭐야? 코스모스야?"

"쑥부쟁이 같은데?"

평소 꽃에 조예가 깊은 옥토끼가 이 광경을 믿을 수 없다는 듯한 표정으로 바라보았다. 창틀에 먼지가 수북이 쌓여 있었는데, 그 위에 쑥부쟁이 씨앗이 자리 잡은 것 같았다.

싱크대에는 그릇들이 음식 찌꺼기와 함께 말라 비틀어져 있었고 악취도 났다. 아무렇게나 널브러진 페트병, 고무 호스, 현수막 따위로 실내는 발 디딜 틈이 없었다. 전궁이는 이런 곳에서 사람이 밥을 먹고, 잠을 자고, 일을 하며 산다는 사실이 경이로웠다. 텔레비전에서 본 인도 갠지스강이 떠올랐다. 강 한쪽에서는 시체를 화장하고, 한쪽에서는 목욕을 하고, 다른 한쪽에서는 그 물을 성수라며 떠 마신다는…….

집은 딱 한 군데만 깨끗했다. 재봉틀 쪽 공간만 날마다 쓸고 닦는 듯 깔끔했다.

송아 누나가 방정이에게 화장실을 가리켰다.

"저기가 화장실이야."

방정이가 벌 받는 표정으로 화장실로 뛰어갔다. 전긍이는 화장실 광경을 상상하기도 싫었다. 옥토끼가 전긍이 귀에 대고 속삭였다.

"난민 수용소인가?"

송아 누나가 냉장고에서 물을 꺼냈다. 병째로 입에 대고 마신 후, 아이들에게 내밀었다.

"아, 시원해. 너희도 마실래?"

"아니요."

아이들은 모처럼 한마음이 되어 단칼에 거절했다.

전긍이는 속으로 생각했다.

'내가 사하라 사막을 가 봐라. 저 물을 마시나.'

잠시 뒤, 방정이가 말간 얼굴을 하고 화장실에서 나왔다. 방정이는 낯선 누나가 재봉틀을 쓰는 모습에 호기심이 생긴 눈치였다.

"송아 누나, 저분은 누구세요?"

"나 도와주러 온 패션 디자이너 랄 언니야. 내가 내일까지 꼭 만들어야 하는 게 있어서 도와주러 왔어."

송아 누나는 랄 누나에게 까만색 화구통을 들어 보이며 말했다.

"랄 언니, 이 활통 어때? 화살은 다 만들어 놨어. 닭털 붙여서."

그 말에 방정이가 랄 누나에게 가려다 소리를 질렀다.

"앗, 따가워!"

방정이가 발밑에서 옷핀을 집어 들었다. 송아 누나가 소리를 질렀다.

"발로 길을 만들어서 다니면 돼. 바닥에 압정, 바늘도 있으니 조심하고."

방정이가 재봉틀로 바짝 다가갔다.

"지금 뭐 만드시는 거예요? 아! 이 활통, 미술 하는 애들이 메고 다니는 화구통이잖아요. 이것도 파는 거예요? 와, 이 화살은 닭꼬치에 쓰는 막대기로 만든 거네요?"

송아 누나가 귀찮다는 듯 손을 내저었다.

"넌 몰라도 돼. 너 화장실 다 썼지? 잘 가, 얘들아! 이 누나 오늘 할 일 많거든."

전궁이는 현관문을 열려고 몸을 돌렸다. 잠시라도 여기 더 있다가는 어떤 세균에 감염될 것 같았다. 전궁이는 속으로 중얼거렸다.

'방정아, 너 파상풍 걸렸을지도 모르거든!'

그런데 갑자기 옥토끼가 신발을 벗더니 송아 누나에게 조르르 달려갔다.

"누나, 방도 두 개 있는 것 같은데, 저희 하룻밤만 재워 주세요."

옥토끼는 송아 누나와 더 얘기를 나누고 싶은 듯했다. 밤새 랩에 대해 물어볼 기세였다. 방정이도 두 누나가 재봉틀로 하는 일을 뚫어져라 바라보고 있었다. 쉽게 자리를 뜰 것 같지 않았다.

전긍이도 다시 생각해 보니, 옥토끼의 제안이 나쁠 게 없었다. 여기서 자면 돈이 굳는 거니까! 돈이 떨어지면 이 집보다 더 못한 곳에서 온갖 위험에 노출된 채 노숙을 할 수도 있다. 그러다가 쥐도 새도 모르게 끔찍한 일을 당할 수도 있지 않은가? 그럴 바에야 이 갠지스강이 나을지도 몰랐다.

전긍이가 얼른 송아 누나에게 말했다.

"그냥 재워 달라고 하지 않을게요. 청소해 드릴게요."

"뭔 소리야? 너네들 집에 가서 자야지?"

방정이가 잽싸게 상황을 파악하고, 거짓말을 술술 했다.

"저희가 서울로 체험 학습 왔거든요. 오늘 원래는 저희 외삼촌네 가기로 했는데, 사정이 생겨서 못 가게 됐어요. 사촌이 무슨 법정 전염병에 걸렸대요. 장티푸스인가, 말라리아인가? 아무튼 갑자기 갈 데가 없어져서 그래요."

무슨 체험 학습? 거지 체험? 기아 체험? 전긍이는 방정이의 사기 행각에 혀를 내둘렀다.

송아 누나는 잠시 생각하더니 사악한 웃음을 흘렸다.

"청소라, 좋아!"

랄 누나가 '너희가 이 집을 감당할 수 있겠어?' 하는 눈빛을 보냈다. 누나들이 일하는 사이, 아이들은 자그마치 두 시간 동안 집을 치웠다. 역시 잠잘 곳을 얻거나 돈 버는 건 쉬운 일이 아니었다. 싱크대를 치우다 보니, 썩어서 발효 단계에 들어선 바나나 껍질이 보였다. 구역질과 눈물이 동시에 나왔다.

전긍이는 잠시 바람이라도 쐬고 싶어 현관문 옆에 잔뜩 쌓아 둔 페트병 묶음을 집어 들었다.

"누나, 이거 버려도 돼요?"

"어? 그거 버릴 거 아닌데."

뭐만 버리려고 하면 송아 누나는 버릴 거 아니라고 했다. 전긍이 눈에는 재봉틀 빼고는 이 집에 있는 것은 죄다 버릴 것 투성이였다. 일일이 송아 누나의 승낙을 받고서야 버릴 물건들을 간신히 버릴 수 있었다. 누나는 재봉틀 주변에 있는 자투리 천, 암막 커튼, 구두 박스 등은 절대 못 버리게 했다.

집을 다 치우자, 송아 누나는 통에게 3만 원을 쥐여 주며 먹고 싶은 것을 사 오라고 했다. 통이 목소리를 낮게 깔았다.

"저희도 돈 있습니다."

송아 누나가 통의 머리를 한 대 쥐어박았다.

"애고, 쪼그만 게. 그냥 누나가 사 준다고 할 때 먹어."

잠시 후, 통과 방정이가 장을 봐 왔다. 방정이는 족발에 캡사이신을 뿌려서 매운 불족발을 만들었다. 김치, 계란을 사 와 김치볶음밥도 뚝딱 차려 냈다. 송아 누나가 거실 한구석에 처박혀 있던 앉은뱅이 상을 폈다. 상에도 먼지가 수북했다. 통이 화장실에 가서 상을 닦고 나서야 음식을 차릴 수 있었다. 랄 누나도 상 앞으로 왔다.

송아 누나가 랄 누나를 힐끗 보며 말했다.

“뭐야? 언니, 지금까지 우리 집 와서는 음식 안 먹었잖아.”

“아, 그때는 내가 속이 안 좋아서.”

랄 누나가 겸연쩍게 웃으며 말했다.

전긍이는 그 속을 충분히 알 것 같았다. 랄 누나는 이 집에서 음식을 먹은 적이 없었던 것이다. 하긴 그래야 정상 아닌가?

방정이가 족발을 뜯으며 기름기가 자르르 묻은 입을 손으로 쓱쓱 닦았다.

“아까 그 가방들 누나가 직접 만든 거예요?”

“응, 업사이클링 제품이야. 사회적 기업이라고 들어 봤냐?”

이건 분명 한국말인데 무슨 말인지 모르겠다. 아이들이 일제히 고개를 젓자, 송아 누나가 족발에 붙은 살점을 뜯어 먹으며 말했다.

“업사이클링, 재활용이라는 뜻이야. 원단 공장에서 버리는 자투리 천 가져다가 가방이나 옷, 쿠션, 인형을 만들어. 또 현수막도 한 번 쓰고 버리면 쓰레기잖아? 그걸로 가방을 만들어. 페트병으로는 가방 손잡이를 만들기도 해. 내가 아까 그랬잖아. 우리 집에서 버릴 거 하나도 없다고.”

그래서 이 집에 그렇게 쓰레기가 많았던 모양이었다. 하지만 쓰레기로 제품을 만드는 거랑 쓰레기 속에서 사는 건 다른 문제였다.

통이 누나의 말을 듣고 촐랑댔다.

"그런 쓰레기 제품을 누가 사요?"

송아 누나가 노려보자, 통의 표정이 굳었다. 랄 누나가 웃으며 휴대폰에 저장한 사진을 보여 주었다. 깔끔한 흰색 크로스백이었다.

"이 가방, 뭐로 만든 것 같아?"

얼핏 보기에는 그냥 평범한 가방 같았다. 전긍이는 고개를 갸웃거렸다.

"글쎄요……."

"이거 스위스에서 자동차 에어백으로 만든 가방이야."

"에어백을 재활용해서 만든 가방이라고요?"

"응. 일일이 사람 손으로 만들지. 가격은 30만 원이나 해. 전 세계 사람들에게 정말 인기가 많아."

통이 놀라며 말했다.

"사람들이 그걸 산다고요? 쓰레기를 돈 주고? 와, 그 돈으로 피시방을 가면 그게 얼마야?"

송아 누나가 통을 또 노려보았다.

"사람들이 우리 물건을 사면서 환경을 구한다는 생각을 하는 거야. 이런 걸 가치 소비라고 해. 우리나라에도 이런 업사이클링 사회적 기업이 많아."

"사회적 기업은 또 뭐예요?"

"보통 기업은 이익을 내면 사장이 다 가져가잖아. 사회적 기업은 이익의 일부를 사회와 나누는 거야. 나는 수익의 10퍼센트로 파주 아동 공부방에 책을 사서 보내고 있어."

전궁이는 돌아다니다 보니 별 신기한 일을 하는 사람들과 밥을 다 먹는다 싶었다.

"누나, 아까는 래퍼라면서요?"

송아 누나가 진지하게 말했다.

"내가 하고 싶은 일과 내가 잘할 수 있는 일이 다르다고 얘기해 둘까? 랩은 하고 싶은데, 그걸로는 먹고살기 힘들잖아. 내가 날 먹여 살릴 수 있는 일이 뭘까 싶었는데, 내가 잘할 수 있는 일이 바로 이거였어."

"송아, 너 직업이 하나 더 있잖아. 얘 얼마 전에 유튜브 채널도 열었어."

랄 누나가 덧붙인 말에 방정이가 관심을 보였다.

"오? 그럼 1인 방송 BJ세요? 채널 명이 뭐예요?"

송아 누나가 휴대폰으로 유튜브를 열어 보여 주었다.

"MC 드릴 메이크 월드. 너희 당장 구독해라."

방정이가 송아 누나의 휴대폰을 빼앗았다. 영상 하나를 누르자, '싫증 난 청바지로 가방 만들기'라는 영상이 나왔다. 촬영 장소는 이 집에서 유일하게 깔끔한 그곳, 바로 재봉틀 주변이었다. 그 영상만 보면 누나가 집 전체를 정갈하게 꾸미고 사는 것처럼 보였다.

"와, 사기네, 사기."

통도 똑같은 생각을 했는지, 같은 말을 계속 했다. 누나가 하는 랩 공연의 섬네일이 보였다. 방정이가 영상을 재생하려는 순간, 누나가 휴대폰을 빼앗아 갔다.

"너희 휴대폰으로 구독 버튼 누르고 봐."

"누나, 이건 왜 하는 거예요? 업사이클링인가 하는 사업만 하면 먹고살기 힘들어요?"

방정이가 묻자 송아 누나가 어깨를 으쓱했다.

"이건 해야만 하는 일이랄까? SNS, 유튜브 이런 게 세상을 장악했잖아. 홍보용이야. 이거 보고 사람들이 종종 연락을 해 와. 플리마켓에 와 달라고도 하고, 공연 섭외도 들어와. 그리고 재밌잖아. 내가 콘텐츠를 소비만 하는 게 아니고 생산하는 거니까."

방정이가 말했다.

"랩, 업사이클링, 유튜브. 누나는 다 뭔가를 만드는 일을 하시네요."

전긍이는 혼란에 휩싸였다. 지금까지 전긍이는 사람은 직업을 하나씩만 갖는 줄 알았다. 또 직업이란 아빠처럼 아침마다 같은 시간에 어디로 출근했다가 저녁이면 집으로 퇴근하는 것이라고 생각했다. 자기가 하고 싶은 일, 잘하는 일, 해야만 하는 일을 저글링 하듯 재미나게 하며 살고 있는 사람이 있을 줄은 몰랐다.

방정이가 옆에서 입이 찢어져라 하품을 했다.

"아함."

송아 누나가 방정이를 보며 말했다.

"옆집 가서 자. 내가 비밀번호 눌러 줄게."

전궁이가 깜짝 놀랐다.

"옆집이라고요?"

"그래, 옆집 비어 있어. 내 사촌 동생이 사는데, 오늘 야간 근무거든. 내가 얘기해 놨어."

전궁이가 말을 더듬었다.

"아, 아니 그럼 왜…… 저, 저희한테 청소를 시키시고?"

송아 누나가 단호하게 말했다.

"내가 먼저 해 달라고 한 적 없다."

전궁이와 아이들은 옆집으로 갔다. 옆집은 먼지 한 톨 없이 깔끔했다. 바로 옆 파상풍 유발 빌라와는 달라도 한참 달랐다.

전궁이는 졸음을 무릅쓰고 애들을 닦달해서 옷을 빨아 널었다. 그런데 새벽부터 추적추적 비가 내렸다. 그 탓에 옷이 제대로 마르지 않아, 옷에서 쿰쿰한 냄새가 났다.

아이들이 옷 냄새를 맡고 있을 때, 쿵쿵쿵 문 두드리는 소리가 들렸다.

"길냥이들, 아침 먹어야지!"

아이들은 다시 송아 누나 집으로 건너갔다. 랄 누나는 재봉틀로 무언가를 만들고 있었다. 송아 누나가 방정이에게 신용 카드를 쓱 내밀었다.

"방정이라고 했지? 뭐라도 좀 해 봐."

그럼 그렇지, 밥을 먹으라고 부른 게 아니라 밥을 해 달라고 부른 거였다. 방정이는 냉큼 돼지고기를 사다가 제육볶음을 뚝딱 만들어 주었다.

랄 누나가 맛을 보더니 감탄했다.

"레시피가 뭐야? 진짜 맛있다!"

방정이가 뿌듯한 미소를 지었다.

"고추장이랑 설탕이요. 달면 고추장 더 넣고, 매우면 설탕 더 넣어요. 짜면 단 걸 넣고, 달면 짠 걸 넣고. 단짠단짠. 모든 요리는 그렇게 하시면 돼요, 우히히히."

방정이 말에 랄 누나가 소리 내어 웃었다. 방정이는 랄 누나에게 밥을 건네며 물었다.

"근데 누나는 왜 이름이 랄이에요?"

그러자 랄 누나가 명함을 꺼내 방정이에게 주었다. 전긍이는 방정이 손에 든 명함을 빼앗아 읽어 보았다. 명함에는 '랄 패션 김선정'이라고 쓰여 있었다.

전긍이가 물었다.

"랄 패션이 누나 브랜드 이름인가요? 랄 패션이 무슨 뜻이에요?"

"지랄, 발랄 할 때 랄이야. 앞으로 그렇게 살려고 브랜드 이름으로 지었어."

랄 누나가 천연덕스럽게 말했다. 전긍이는 내심 충격을 받았다. 단정하고 예쁘장하게 생긴 누나 입에서 아무렇지 않게 '지랄'이라는 말이 튀어나온 데다, 그걸 자기 브랜드로 삼다니.

전궁이의 반응을 보고 랄 누나가 눈웃음을 지었다.

"명함 주면 다들 너 같은 반응을 보여."

"브랜드 이름에 지랄이 들어간 건 처음 봐요. 왜 그런 이름을 지었어요?"

"난 지금까지 살면서 한 번도 지랄하거나 발랄하게 살아 본 적이 없거든. 서른 살까지 앞만 보고 달리는 경주마처럼 살았어. 경주마는 눈 옆에 가리개를 달잖아. 말이 달릴 때 절대 옆을 못 보고 앞만 보고 달리게 하려고 그러는 거거든. 그래서 참 한이 많아."

아, 경주마! 전궁이는 그 표현이 마음에 와닿았다. 그럼 자기는 대학이라는 목표를 향해 뛰는 경주마인 건가?

"랄 누나, 그렇게 열심히 살았으면 공부도 잘했겠네요."

옥토끼 말에 송아 누나가 거들었다.

"이 언니, 명문대 화학공학과 대학원 출신이야. 서른 살까지 대기업 화장품 회사에서 일했어. 너희도 그 회사 알지?"

송아 누나가 회사 이름을 알려 주었다. 전궁이도 많이 들어 본 대기업이었다.

전궁이가 물었다.

"랄 누나는 어떻게 패션 디자이너가 됐어요? 공부한 거랑 대기업 들어간 거 아깝지 않아요?"

"난 사실 어릴 때부터 패션 디자이너가 되고 싶었어. 고등학교 때는 그걸 해 볼 기회가 없었어. 그저 성적표가 세상의 전부였지. 성적 오르면 기쁘고, 떨어지면 슬프고."

"어, 난데? 성적 때문에 웃고 우는 거."

전긍이가 격하게 공감했다.

방정이가 랄 누나에게 물었다.

"그럼 고등학교 때부터 디자이너 준비하면 됐잖아요."

"어릴 때는 확신이 없었어. 입시 미술을 해서 패션디자인과를 가자니 용기가 나지 않았어. 내가 디자이너가 돼서 상위 1퍼센트에 들어가리라는 자신이 없더라. 또, 그때는 그렇게 공부만 하는데도 좋은 대학 못 들어가면 창피할 것 같았어."

전긍이도 대학을 못 가면 부끄러울 것 같았다. 공부하는 이유가 '즐거움'과 '꿈'이 아니라, 랄 누나 말처럼 '부끄러움'인 것 같았다.

통이 전긍이의 그런 마음을 읽었는지 빈정댔다.

"전긍아, 너 너무 심하게 공감하는 표정이다? 근데 누나랑 결정적인 차이가 있다. 누나는 공부를 잘했고, 넌 못하잖아."

전긍이는 짜증이 솟구쳤다.

"너보다는 잘하거든?"

"난 노력을 안 해서 그렇지, 노력하면 아마 너보다 잘할걸?"

꼴찌와 꼴찌에서 두 번째의 다툼에 옥토끼가 "난형난제, 막상막하, 도긴개긴. 오십보백보."라며 둘을 말렸다.

랄 누나가 조용한 목소리로 말했다.

"내가 하고 싶은 말은 성적과 대학이 인생의 전부가 아니라는 거야. 서른 살이 돼서야 세상에는 수백만 가지 길이 있다는 사실을 깨달았어. 사람들에게는 저마다 다른 재능이 있는데, 그 총합은 다 같은 것 같아. 어떤 사람은 재능이 공부인 사람도 있고, 그 재능이 사업 능력인 사람도 있어. 여러 재능이 섞인 사람도 있고. 스무 살 때 입시는 인생의 작은 순간이더라. 그러니 교과서나 책으로 하는 경험보다는 실제 몸으로 부딪치는 경험을 해 봐야 해. 그래야 경주마의 눈가리개를 뗄 수 있어."

그러나 전궁이는 그 생각에 쉽사리 동의할 수 없었다. 지금 당장은 대학이 인생의 전부 같았기 때문이었다.

"그래도 어쨌든 좋은 대학에 가야 하는 거 아닌가요?"

"나는 입시에 성공했어. 인생의 전반전을 성공적으로 치렀다고 생각해서 내심 뿌듯했지. 그런데 인생은 스무 살에 결정 나지 않더라고. 중고등학교 때, 공부보다 다른 것에 관심이 많은 친구들이 있었어. 얼마 전에 고향에서 만났는데, 한 명은 수제 청첩장 만드는 일을 하면서 즐겁게 잘 살고 있더라. 또 다른 중학교 동창 하나는 대학 입시에 실패하고 조그만 감자탕집을 열었는데, 지금은 고향에서 알아주는 맛집이 됐대."

"누나는 공부에 재능이 있던 거잖아요. 누나 같은 사람들은 공부가 재미있지 않아요?"

전궁이의 물음에 랄 누나가 고개를 가로저었다.

"난 명문대 공대를 갔지만 공부가 재미있던 적은 없었어. 항상 추운 날 찬밥 삼키듯 꾸역꾸역 공부했지. 공대는 시험도 엄청 많이 봐. 꾹 참고 공부하느라 얼마나 힘들었는지 몰라. 대학교 졸업

반 때 몇 군데 회사 실습을 갔는데, 그마나 적성에 맞아 보이는 곳이 화장품 회사였어. 원료 섞어서 색 만드는 게 디자이너 일이랑 가까워 보이잖아? 거기 가려면 대학원도 나와야 해서 대학원도 나왔어. 남들이 다 회사 들어가니까 나도 회사에 들어간 거야. 그렇게 3년을 다녔는데, 스물아홉 살에 사춘기가 왔어."

통이 화들짝 놀란 표정을 지었다.

"사춘기는 저희도 벌써 다 지났어요. 그런데 어떻게 스물아홉 살에 와요?"

"나는 스물아홉 살까지 인생에는 한 가지 길만 있는 줄 알았어. '명문대와 대기업'이라는 길 말야. 그래서 자동차에 고속 자동 주행 기능을 켜 놓고 달리듯 앞만 보고 달렸지. 그 길 끝까지 가서 깃발을 톡 뽑았어. 근데 그 끝에 서 보니까 앞에 아무것도 보이지 않는 거야. 어느 날 문득, 꼭 하고 싶은 일을 해 봐야 죽을 때 후회하지 않겠다는 생각이 들더라. 1년 동안 치열하게 고민했지. 그 뒤 회사를 그만두고, 디자인 스쿨에 들어가 2년 동안 디자인을 배우고, 1년 동안 동대문 브랜드에서 모든 일을 배웠어. 그리고 드디어 얼마 전에 내 브랜드를 만들었고."

전궁이는 놀라서 입이 다물어지지 않았다.

"아니, 누나가 다녔던 그 회사, 엄청 유명한 대기업이라면서요. 다 먹고살려고 일하는 건데, 일을 그만두면 어떡해요? 돈은 그때만큼 벌어요?"

"아니, 지금은 그때의 절반밖에 못 벌어."

통이 물었다.

"후회 안 해요?"

그 말에 랄 누나가 다부지게 고개를 끄덕였다.

"응, 후회 안 해. 나는 이렇게 생각해. 내가 만든 꿈의 공식이 있어. '불확실성과 꿈의 비율이 1 대 9가 되는 순간, 꿈을 좇아라.' 마음속에서 확신이 점점 커져 꿈이 9가 되는 순간, 그때는 꿈을 좇는 선택을 해도 될 것 같아. 살다 보면 꿈이 9가 넘는 순간이 올 거야. 그때는 꿈을 밀고 나가면 될 것 같아."

"꿈의 레시피 같은 거네요. 불확실성 한 숟가락에 꿈 아홉 숟가락이면 꿈을 밀고 나가라!"

방정이가 촐싹거리며 말하자, 랄 누나가 웃었다.

"맞아. 예전에는 내가 디자이너로 성공해서 1퍼센트가 되지 못할까 봐 그 길을 갈 용기가 없었어. 근데 꿈이 점점 커지니까 돈을 많이 못 번다 해도 하고 싶은 걸 해야겠더라. 꿈이 꼭 학창 시절에 생기는 건 아니라고 생각해. 꿈이 오는 시기는 사람마다 다 다른 것 같아. 스무 살, 스물다섯 살, 서른다섯 살, 마흔다섯 살에도 꿈이 찾아오거든. 지금 꿈이 없는 게 늦거나 부끄러운 일이 아니야. 미래에는 직업을 여섯 번을 바꾼다고 하더라. 예전에는 인생 이모작이라는 말이 있었는데, 앞으로는 인생 육모작이라고 해야 하나?"

랄 누나가 물을 한 모금 마셨다.

"한창 진로를 고민할 때 이런 글을 보면서 용기를 얻었어. 박완서 작가님은 나이 마흔 살에 작가가 되었고, 미국 모지스 할머니는 75세에 그림을 시작해서 '미국 국민 화가'가 되었대. 일본에서는 93세 사토 아이코 할머니가 쓴 에세이가 베스트셀러가 되기도 했대. 요즘은 오래 살잖아. 인생을 몇 번씩 끊어서 사는 것도 나쁘지 않을 것 같아. 평생 한 가지 일만 하고 살면 지루하지 않을까?"

전긍이는 또다시 혼란에 휩싸였다. 지금 대학 입시 하나만 생각해도 이렇게 머리가 복잡한데, 미래에는 직업이 여섯 번이나 바뀔 수 있다고? 더 이상 '첫 직장=평생직장'으로, 또 '꿈=반드시 이루어야 할 하나의 목표'로 생각하지 말라는 얘기도 아직은 잘 와닿지 않았다.

전긍이가 떨리는 목소리로 말했다.

"누나, 전 솔직히 정말 충격이에요. 저는 딱히 하고 싶은 일이 없기 때문에 점수 맞춰서 이름 있는 대학 가는 게 꿈이거든요. 그것 자체도 저한테는 벅차요. 그래서 직업이 여섯 번 바뀐다느니 그런 게 엄청 부담스럽네요. 미로 속으로 더 깊이 들어와 버린 것 같아요."

랄 누나가 빙그레 웃었다.

"미로라……. 그럼 너희에게 미로를 헤쳐 나갈 지도를 알려 줄게."

"지도요?"

"최근 도서관이나 서점에 가서 가장 재미있게 본 책이 뭔지 말해 볼래?"

통이 자신 있게 대답했다.

"전 서점이나 도서관에 간 적 없습니다."

"자랑이다."

방정이가 통을 구박했다. 전궁이는 역시나 괜한 기대를 했다는 생각이 들어 살짝 실망했다.

'아까는 책상에서 벗어나 실제로 몸으로 부딪치는 경험을 해 봐야 자기 길을 안다더니? 역시 공부 잘하는 사람들 말은 듣는 게 아니야.'

그러나 랄 누나의 표정은 확신에 차 있었다.

옥토끼가 먼저 입을 열었다.

"전 서점 가서 시집 사고요. 최근에는 『랩 가사 쓰는 법』, 『한국의 래퍼』 이런 책 봤어요."

"저는 『인체 드로잉 하는 방법』 같은 거 보죠. 제가 인체 드로잉 책을 빌려 왔는데, 통 저 녀석이 야한 책인 줄 알고 훔쳐 간 적이 있어요. 무식한 놈, 우히히히."

"전 교실에 굴러다니는 책 중에 『남자, 근육으로 말하다』, 『오늘도 나는 미친 듯이 달린다』, 뭐, 이런 책을 봅니다. 이런 책 읽으면 제 심장이 뛥니다."

아이들 말이 끝나자, 열 개의 눈동자가 전궁이에게 꽂혔다.

"저는 뭐, 딱히 책을 읽지 않는데……."

방정이가 상을 탕탕 쳤다.

"야, 너 있잖아. 맨날 끼고 보는 책! 『응급 처치 100가지』, 『이렇게 하면 살 수 있다』 그런 책 보잖아."

"그건 너희처럼 더러운 애들 사이에서 살아남기 위해 읽어야 하는 책이잖아. 애들이랑 같은 기숙사 방에서 살려면 이런 거 알아 놓아야 해요. 면역력도 강해야 하고요. 방정이는 온몸 다 씻고 나오는 시간이 제가 손 씻는 시간보다 짧아요. 정말 더러워요."

랄 누나가 싱긋 웃었다.

"아까 그랬지? 네가 가야 하는 길이 미로로 보인다고. 그 미로를 잘 찾아갈 수 있는 지도가 있는데, 그건 바로……."

통이 랄 누나의 말을 잘랐다.

"책이라는 거죠? 맞죠? 결국 책 많이 읽으라, 뭐 이런 말인가요? 누나는 다를 줄 알았는데, 다른 어른들이랑 똑같네요. 칫!"

송아 누나가 통의 어깨를 툭 쳤다.

"야, 말 자르지 마. 건방진 자식 같으니라고."

랄 누나가 손깍지를 끼고 몸을 앞으로 기울였다.

"아니. 그 지도는 바로 '나'야."

응? 나라고? 전긍이는 눈을 껌벅거렸다.

랄 누나가 천천히 말했다.

"'나'가 누군지 알아야만 '나'라는 보물섬에서 보물을 찾으며 잘 살 수 있다는 말이야. 그래야 삽질을 안 하지. 우리나라 부모님들이나 학생들은 성적 올리는 데는 돈과 시간을 아끼지 않아. 하지만 자기 진로에 대해서는 거의 생각하지 않고 살아."

전궁이도 그동안 공부하는 데는 모든 시간을 쏟아부었다. 그렇지만 앞으로 무엇을 하며 살지는 거의 생각해 본 적이 없었다.

"사람들 속에 있어야 행복한 사람이 있다고 쳐. 그런 사람이 온종일 컴퓨터 속 데이터만 보고 있다면 불행하지 않을까? 반대로 골방에서 연구하는 거 좋아하는 사람이, 온종일 사람들을 만나야 한다면 불행하지 않을까? '나'가 어떤 사람인지 아는 방법은 여러 가지가 있어. 가장 쉽게 자기를 알 수 있는 방법은 서점이나 도서관에 가서 자기 관심 분야 책을 골라 보는 거지. 사람은 대개 자석처럼 끌리는 분야가 있어. 서점이나 도서관에 가면 저도 모르게 그 분야의 책을 고르지."

전궁이는 아이들이 방금 말한 책들이 아이들과 어울린다는 생각을 했다.

랄 누나가 말을 이었다.

"사회에 나와 보니까 사람들은 제각각 전부 다르더라. 딱 봐도 이성이 발달한 사람, 감성이 발달한 사람, 신체가 발달한 사람이 구분되더라고. 자기가 이 세 가지 중 어디에 해당하는지만 알아도 평생 할 일을 찾는 데 도움이 될 거야."

전궁이는 랄 누나가 하는 말을 얼핏 알아들을 것 같았다. 누가 봐도 통은 신체가 발달했다. 옥토끼는 감성이 발달한 것 같고, 방정이는 이성과 감성이 같이 발달한 것 같았다. 전궁이 자신은 어느 한쪽도 발달한 것 같지 않았다. 전궁이는 길게 한숨을 내쉬었다.

"전 잘하는 게 없나 봐요. 별다른 특징도 없고요. 기계 조립은

복잡해서 싫고, 예술적인 일을 하는 건 부담스러워요. 우리 엄마는 로스쿨에 가라는데, 전 법전 외우는 건 생각만 해도 머리 아파요. 악착같이 경쟁하는 일은 피 말라서 싫고요. 몸 쓰는 것처럼 힘든 일 하는 건 생각도 하기 싫어요."

송아 누나가 물었다.

"넌 좋아하는 일이나 잘하는 일이 하나도 없어?"

"네, 잘 모르겠어요."

방정이가 끼어들었다.

"뭔 소리야? 너 있잖아. 걱정을 정말 창의적으로 하잖아. 얘 걱정 천재예요."

방정이 말에 랄 누나가 전긍이를 바라보았다.

"너 나중에 의료 업계에서 일할 거야? 의사나 간호사, 물리 치료사, 임상 심리사, 응급 처치사 그런 거?"

전긍이는 손을 내저었다.

"제 성적에 무슨 의료 업계예요?"

송아 누나가 소리 내어 웃었다.

"너 혹시 무엇을 생각하든 최악의 상황을 생각하고, 모든 게 계획대로 돼야 하고 그러니? 그게 안 되면 짜증 나고? 공부하기 전에 책상 정리하느라 공부 못하고, 사람 잘 못 믿고."

방정이가 옆에서 세차게 고개를 끄덕였다.

"누나, 점쟁이예요? 딱 얘 맞아요. 겉에서 볼 때는 되게 예의 바르고 착한 거 같은데, 친해지면 진상이에요. 얼마나 투덜거리는데요, 우히히히."

송아 누나가 말했다.

"너희가 어제 잔 집 있지? 내 사촌 남동생 집이라고 했잖아. 걔가 성격이 딱 너 같아. 걔 지금 간호사야. 남자 후배들만 보면 간호사 하라고 말하고 다녀."

전긍이는 깜짝 놀랐다.

"남자가 간호사도 해요?"

송아 누나가 컵을 쿵 소리 내며 내려놓았다.

"그럼 요즘 세상에 남자 일 여자 일이 따로 있어? 나는 화물 트럭도 운전했는데."

랄 누나가 전긍이를 찬찬히 바라보았다.

"의료 업계에서 일하려면 세심하고 꼼꼼해야 해. 덜렁대면 안 되거든. 자기 일에 쉽게 싫증 내도 안 되고."

옥토끼가 눈을 커다랗게 떴다.

"전긍아, 딱 너네!"

의료 업계 종사라라니! 한 번도 생각해 보지 못한 진로였다. 전긍이는 순간 머리 한쪽에 늘 드리워져 있던 검은 커튼이 조금 걷히는 기분이 들었다.

방정이가 해쭉이며 말했다.

"저 봐, 또 생각에 빠진다. '내 성적으로 간호학과에 갈 수 있을까? 간호사 됐다가 병에 감염되면 어떡하나?' 그런 걱정 했지, 너? 네가 딱 그렇지, 뭐."

전긍이는 놀랐다. 아무리 방정이가 같은 침대 위아래 칸을 쓰는 사이라지만, 자기를 해파리처럼 꿰뚫어 볼 줄은 몰랐다. 그나저나 남을 무안하게 하는 말을 저렇게 아무렇지도 않게 하는 것을 보면 감성이 발달한 애는 확실히 아닌 것 같다. 에잇, 아까 감성이 발달했다고 한 거 취소! 퉤퉤!

전긍이는 랄 누나에게 묻고 싶은 게 생겼다.

"제가 그 일을 할지 말지는 조금 더 생각해 봐야 할 것 같아요. 뚜렷하게 하고 싶은 일이 없는 저 같은 애들은 그냥 공부를 해야 하는 걸까요?"

랄 누나가 상 위에 놓인 자기 텀블러를 만지작거렸다.

"그럼, 뚜렷하게 하고 싶은 일이 없으면 공부해야지. 다 세상을 살아갈 때 필요한 교양이잖아. 그러다가 꿈이 찾아오면, 그전에 경험한 모든 것이 도움이 될 거야. 만약 내가 한 번도 안정적인 길로 가 보지 않고 오로지 꿈만 찾다가 입에 풀칠하기도 힘들었다면, '왜 나는 안정적인 직장인이 되지 않았을까?' 이렇게 고민했을 거야."

송아 누나가 동의한다는 듯 손뼉을 짝 하고 쳤다.

"맞아. 랩 하는 애들 중에는 어릴 때부터 이것 말고는 할 줄 아는 게 하나도 없는 애들이 있거든. 그런 애들 보면 답이 없긴 해."

"송아 누나, 누나는 꿈과 직업이 꼭 같은 건 아니라고 말하는 것 같아요."

옥토끼 말이 끝나자, 방정이가 진지한 표정으로 물었다.

"랄 누나, 우리 엄마가 원하는 직업은 의사예요. 전 그냥 그림 그리는 사람이 되고 싶은데요. 부모님이 가라는 길과 제가 가고 싶은 길이 다르면 어떡해요?"

랄 누나가 입을 열었다.

"가장 중요한 건 자기 인생은 자기가 책임지겠다는 자세 아닐까? 요즘 학생들은 엄마들이 짜 준 스케줄대로 움직이잖아. 심지어 어릴 때부터 친구 사귀는 것까지 엄마들이 정해 주고 말이야. 아이들이 스스로 생각하는 능력을 잃어 가는 것 같아. 내가 부모라면 자기 길은 자기가 찾아가게끔 내버려 둘 것 같아. 단, 그 길을 간 것에 대한 책임은 자기가 져야겠지."

옥토끼가 우울한 표정을 지었다.

"우리 아빠한테는 아직 오디션 나가는 거 말 안 했어요. 랩 하는 것도 얼마나 싫어하는데, 그런 데까지 나가냐고 할까 봐요."

랄 누나가 옥토끼에게 따뜻한 눈빛을 보냈다.

"네가 진짜 하고 싶은 일이라면 부모님을 진실하게 설득해 봐. 정말 자기가 하고 싶은 일을 할 때는 두 가지 확신이 있어야 해. 자기가 그 일을 안 하면 평생 후회할 것 같은 확신, 그리고 그 일을 잘할 수 있다는 확신. 무엇을 도전하는 데 나이는 중요하지 않아. 먼 길을 돌아서 자기 길을 찾은 사람은 또 그 사람만의 절실함이 있거든."

"아, 복잡하네요!"

전궁이는 삶이 결코 단순하지 않다고 느꼈다. 입시에 성공한

랄 누나는 10년 후에 자기가 하고 싶은 일을 찾았다. 송아 누나도 이것저것 도전하며 자기 삶을 만들고 있었다. 두 사람 모두 자기 길을 꾸준히 찾아가고 있는 것 같았다.

랄 누나가 시계를 보더니 벌떡 일어섰다.

"어머, 시간이 벌써 이렇게 됐네? 송아야, 나 납품할 게 있어서 지금 나가야겠어. 얘들아, 즐거웠다!"

랄 누나가 서둘러 집을 나섰다. 송아 누나 휴대폰도 요란하게 울렸다.

"어? 벌써 왔다고? 삼산체육관역에서 내리면 돼. 오케이! 지금 의상 챙겨서 갈게. 쇼핑백이 다섯 개나 되네. 이따 봐."

송아 누나가 허둥대며 일어났다.

"너희랑 이야기하느라 시간 가는 줄 몰랐어. 그럼 길냥이들, 이제 너희 가던 길을 가!"

"신나 보이시네요."

방정이 말대로 송아 누나 얼굴이 소풍 가는 어린아이처럼 설레 보였다.

"그럼. 오늘 이벤트 잘하면 내 유튜브 구독자 수가 확 늘어날 텐데."

"무슨 이벤트인데요?"

"신경 꺼라."

송아 누나가 화장실로 들어갔다. 세면대에서 물 트는 소리가 들리고, 잠시 후 누나가 머리에서 물기를 뚝뚝 흘리며 나왔다.

"너희랑 놀다가 늦어 버렸네. 분장은 가서 해야겠다."

누나가 방에 들어가서 까만색 민소매 티와 까만색 가죽 바지를 입고 나왔다. 꼭 전쟁터에 나가는 전사 같았다. 가죽 바지는 보기만 해도 덥게 느껴졌다.

"잘들 가. 설거지는 해 놓고 가고. 문은 자동으로 잠기니까 그냥 나가면 돼. 누나 늦어서 먼저 간다."

"저희를 어떻게 믿고요?"

방정이 말에 송아 누나가 현관에서 까만색 워커를 신으며 무심히 말했다.

"우리 집에서 가져갈 게 어딨냐?"

"하긴 다 쓰레긴데요, 뭐."

누나는 어지간히 급했는지, 통의 말에 대꾸도 않고 쌩 나가 버렸다.

전긍이가 설거지를 마쳤다. 현관으로 나가려는데, 방정이가 재봉틀 옆에 놓인 쇼핑백 안에서 활통과 옷들을 꺼냈다.

"이거 어제 누나들이 만들던 거 아냐?"

"오늘 필요하다고 만들었잖아."

"설마, 이걸 놓고 간 거야?"

"송아 누나, 지금 놓고 간 줄도 모를걸?"

옥토끼 말에 모두 동의했다. 어제도 자기가 만든 물건들을 내동댕이치고 온 누나가 아니던가.

"근데 어딜 간 거지?"

전궁이가 아까 들었던 누나의 통화 내용을 떠올렸다.

"삼산체육관 역이라고 했어."

통이 일어섰다.

"갖다주자. 옥토끼 은인이고, 우리도 재워 줬는데. 은혜 갚은 참새라는 말도 있잖아."

"은혜 갚은 까치겠지."

방정이가 통을 비웃으며 현관문을 나섰다.

"누나 간 데가 어딘지 알았어. 우리 애니 덕후들의 성지, 만화 박물관이야. 아, 송아 누나 오늘 코스프레 하러 간 건가 봐."

방정이가 전철역에 있는 지하철 노선도에서 삼산체육관 역의 위치를 확인하며 말했다. 전철역에 내리니 개찰구 벽 곳곳에 만화 축제 포스터가 붙어 있었다. 전철역을 나오자마자 만화나 게임에서 튀어나온 것 같은 캐릭터 코스프레를 한 사람들을 볼 수 있었다. 아이들은 평소에 좋아하던 캐릭터들을 보자 마냥 신이 났다. 통은 방정이를 말없이 꼭 껴안았다. 옥토끼와 전궁이도 녀석을 꼭 안아 주었다. 넷이 간만에 한마음이 되었다.

건물 입구에서 입장료를 내자 손목에 노란 띠를 채워 주었다. 박물관 입구에서는 한 작가가 드로잉 쇼를 하고 있었다. 작가는 몇 분 만에 벽 하나에 멋진 해변 도시 풍경을 그려 냈다. 인간에게 재능이란 게 있다는 걸 느낄 수 있는 광경이었다.

전궁이는 자기에게 속삭였다.

'내 재능아, 도대체 넌 어디 있니? 이제 나오렴!'

아이들은 정신을 차리고, 먼저 송아 누나부터 찾기로 했다. 방정이가 코스프레를 한 여자에게 물어, 코스프레 하는 사람들의 부스를 찾았다. 부스는 별관 뒤 주차장 앞에 있었다. 그곳에서 송아 누나를 찾는 건 어렵지 않았다. 주차장에서 차 트렁크를 뒤지고 있는 누나의 뒷모습이 보였기 때문이다.

통이 얼른 달려가 쇼핑백 두 개를 내밀었다.

"누나, 여기 이거요."

"아니, 너네가 여길 어떻게 알고? 그나저나 이걸 내가 두고 왔다고? 나처럼 치밀한 사람이? 정말 뜻밖이다, 하하."

송아 누나가 호탕하게 웃으며 활통을 멨다.

"어때? 〈헝거게임〉의 캣니스 같아?"

전궁이는 그 영화는 못 봤지만, 포스터는 본 적이 있었다. 눈가에 시커멓게 한 화장, 한쪽 어깨로 머리카락을 땋아 내린 헤어스타일, 검은색 전투복, 어깨에 멘 활통이 그럴듯했다.

송아 누나가 활짝 웃으며 손을 흔들었다.

"고마워, 길냥이들! 조심해서 가."

5

제 꿈의 점수는요

송아 누나와 헤어진 뒤, 전공이는 아이들과 함께 만화책만 있는 도서관에 들어갔다. 무진고에서는 야자 시간에 교과서가 아닌 책을 펴 놓으면 선생님들이 책 모서리로 머리를 때리고 지나갔다. 엄마는 『하루에 18시간 닥치고 공부하기』, 『공부가 제일 쉬울걸?』 이런 식의 자기 계발서가 아닌 전공이가 좋아하는 책을 보고 있으면 시간 낭비라고 했다.

전공이는 푹신한 소파에 앉아 만화책을 뒤적거렸다. 그것만으로도 마음이 풀렸다.

만화를 보고 나와 잠시 이곳저곳을 구경했다. 방정이가 벽에 붙은 포스터 하나를 보고 흥분했다.

"야, 다 따라와! 지금 파인 작가님 사인회 한대. 얼른 가 보자."

전궁이는 방정이가 파인이라는 작가를 좋아하는 걸 알고 있었다. 그림 한 컷 한 컷에 많은 이야기가 담겨 있다나?

아이들은 박물관 마당으로 나가서 가장 먼저 보이는 흰색 천막 안으로 들어갔다. 천막 안 책상에 앉은 작가는 30대 후반으로 보였다. 큰 키에 편안한 인상이었다. 작가가 조곤조곤 팬들과 인사하고 악수하는 모습이 조금 수줍어 보였다. 방정이는 일부러 다른 사람들에게 자리를 양보하며 맨 마지막에 섰다. 사인회 시간이 거의 끝날 무렵, 드디어 방정이 순서가 되었다. 방정이는 스케치북에 파인 작가의 사인을 받고 감격스러워했다. 그러고는 곧 작가에게 간절한 눈빛을 마구 내뿜었다.

"작가님, 시간 좀 내 주세요."

방정이는 이렇게 말하며 문을 향해 가는 작가를 졸졸 따라갔다. 처음 보는 작가에게 저렇게 들이대다니, 참 뻔뻔했다. 방정이가 뒤에 있던 아이들에게 오라고 손짓했다. 작가는 옆 건물에 있는 커피숍으로 아이들을 데려갔다. 방정이가 뭐라고 했는지 작가는 음료수까지 사 주었다.

작가가 계산을 마치고 자리로 오자, 방정이가 자기 스케치북을 내밀었다.

"작가님, 이거 제가 그린 그림들인데 한번 봐 주시겠어요? 작가님 만나게 되어 진짜 영광이에요."

작가는 미소를 머금고 방정이의 그림을 한 장 한 장 넘겨 보았다. 통이 히죽 웃으며 무식한 질문을 던졌다.

"작가님 성함이 왜 파인이에요? 파인애플 좋아하세요?"

"하하, 그래. 파인애플도 좋아하지. 주변에서 나한테 '좋아하는 일만 하고 살아도 괜찮아?' 이런 질문을 많이 하더라고. 나는 '괜찮아. I'm fine.' 이런 대답을 많이 했지. 그래서 아예 이름도 파인이라고 지은 거야."

작가는 그 말을 마치고 방정이의 스케치북을 마지막 페이지까지 넘겼다. 방정이가 저답지 않게 눈치를 보며 물었다.

"저, 그림에 소질이 있나요?"

"혼자 그린 것치고 잘 그렸네. 난 네 나이에 교과서에 졸라맨 입체 만화를 그리거나, 만화를 따라 그리는 게 다였는데."

통이 미심쩍어하는 눈빛을 보냈다.

"에이, 너무 겸손하신 거 아니에요? 작가님 웹툰이랑 캐릭터가 저희 또래한테 얼마나 인기가 많은데요. 얘한테 상처 주기 싫어서 그러시는 거죠?"

작가가 입을 열었다.

"열일곱 살이라는 나이는 무한한 가능성이 있는 나이야. 열일곱 살에 무언가를 이루어 낸 사람은 흔치 않아. 내가 열일곱 살에 그린 그림은 정말 이 친구 것보다 못했어."

옥토끼가 못 믿겠다는 듯 말했다.

"작가님, 열일곱 살이면 살 만큼 산 거 아닌가요? 지금 별 볼 일 없으면 계속 별 볼 일 없는 거 아니에요?"

작가가 차분하게 말했다.

"난 중고등학교 다닐 때 누구한테 그림 잘 그린다고 인정받은 적이 한 번도 없어. 친구들 사이에서 그림으로 주목받아 본 적도 없고. 그냥 혼자 좋아서 끼적거린 거지. 사람이 진짜 자기 꿈을 이루는 건 열일곱 살 그 이후 시간들이야."

방정이가 진지하게 물었다.

"작가님은 예고나 미술 대학 나오셨어요?"

"아니. 나는 그림 그리는 걸로 먹고살고 있지만, 정식으로 그림을 배운 적은 없어."

전긍이는 아빠보다 나이가 조금밖에 어려 보이지 않는 작가가 그림 그리는 걸로 먹고산다는 말에 놀랐다. 정식으로 그림을 배운 적이 없다는 말에도 놀랐다.

작가가 커피를 한 모금 마셨다.

"사람은 누구나 저마다의 재능을 지니고 태어났어. 그런 의미에서 모든 아이들은 천재지. 아인슈타인이 이런 말을 했다고 해. '모든 사람은 천재다. 하지만 물고기들을 나무 타기 실력으로 평가한다면 평생 자신이 형편없다고 믿으며 살아갈 것이다.'"

그 말이 끝나자마자 통과 방정이, 옥토끼가 일어나 약속이나 한 듯 스타카토처럼 짧게 끊어 힘차게 박수를 쳤다. 커피숍에 있던 사람들이 전부 이쪽을 쳐다보았다.

전긍이는 손으로 얼굴을 가리고 작가에게 물었다.

"그래도요. 어떻게 자기가 좋아하는 일만 해서 먹고살아요? 특히 예체능을 전공하거나 예체능 쪽으로 진로를 정하면 먹고살기 힘들지 않아요? 전문 대학을 가더라도 취직하기 쉬운 경영대나 공대, 이런 곳에 가는 편이 낫지 않아요?"

작가가 오른손으로 턱을 쓸었다.

"꼭 그렇지도 않아. 난 취직이 잘된다고 해서 산업공학과에 갔어. 그런데 내 대학 친구들 중에서 전공을 살려 일하는 사람은 지금 딱 한 명밖에 없어. 다른 친구들은 전공과는 무관한 일을 하고 있지. 그럴 바에는 처음부터 자기가 잘하는 일을 찾아서 하는 게 좋지 않을까?"

"맞아요, 아저씨. 요즘은 회사 들어가도 나이 마흔 넘으면 잘려서 나와야 한다잖아요. 그래서 치킨집을 많이 차린대요."

통은 작가를 '아저씨'라고 했다. 통은 정말 생각이 없는 것 같았다.

아무튼 통의 말에 전긍이는 아빠가 떠올랐다. 얼마 전 아빠는 부장으로 승진했다. 그러나 아빠는 좋아하기보다는 엄마에게 이제 앞으로 오래 버티기는 힘들 거라며 "회사 나오면 편의점이나 치킨집을 차릴까?" 하고 말했다. 그때 전긍이는 회사원으로 사는 것도 쉽지 않다는 걸 느꼈다.

어쨌건 전긍이는 좋아하는 일을 하라고 자신 있게 말하는 어른이 신기했다. 그렇지만 수긍할 수는 없었다. 송아 누나도 꿈만 좇아 살려 하니 먹고살기 힘들다고 푸념하지 않았던가. 랄 누나도 하고 싶은 일을 한다지만 계속 힘들게 산다면 안정적인 직장에 대한 고민이 생겼을 거라고 말했다.

전궁이는 작가에게 따지듯 물었다.

"작가님은 성공하셨으니 그렇게 말씀하시는 거죠. 사람들이 자기가 좋아하는 일만 하고 살기는 쉽지 않을걸요?"

옥토끼도 시무룩해 보였다.

"어른들은 대부분 좋아하는 일을 하기보다는 돈이 되는 일을 하라고 하잖아요. 작가님의 부모님은 작가님이 좋아하는 일을 하게 해 주셨나 보죠?"

그러자 작가는 의외의 말을 들려주었다.

"아니. 우리 부모님은 내가 그림 그리는 걸 반대하셨어. 고등학교 2학년 때 학교 미술 선생님이 나한테 미술부에 들어오라고 했는데, 그분이 학창 시절에 내 재능을 알아봐 준 유일한 분이셨어. 암튼 어머니께 그 말을 했더니 펄쩍 뛰시며 못하게 하셨지. 우리 부모님은 정말 어렵게 사셨어. 시골에서 먹고살기 힘드니까 서울로 올라와 시장에서 온갖 장사를 다 해서 우리 삼형제를 키우셨지. 그래서 '그림 그리면 배고프다. 취미로만 해라.' 하며 그림 그리는 걸 결사반대했어. 고3 때 난 애니메이션학과에 가고 싶었어. 그때는 그 학과가 충청도에 있는 전문대 한 군데에만 있었어. 역시나 부모님이 심하게 반대하셨지. 나는 반항 한 번 못해 보고 그냥 취업이 잘된다는 산업공학과에 간 거야."

방정이는 꼼짝 않고 듣다가 물었다.

"근데 어떻게 캐릭터 작가, 웹툰 작가가 되신 거예요?"

"산업공학과에서 공부하면 할수록 내 적성이 아니라는 생각이

들었어. 졸업한 선배들은 거의 공장 같은 산업 시설이나 물류 센터에 취직했어. 거기서 기계 설비 일을 하는데, 난 그 일은 죽어도 못하겠다는 생각이 들더라. 그러다가 군대에 가서 그림을 많이 그리게 됐어. 행정반에서 필요한 도표도 그렸어. 참, 우리 부대에서는 말년 병장들이 군복 입은 자기 모습을 그려서 제대할 때 갖고 나가는 게 유행이었는데, 그때 수백 명을 그릴 수 있었어. 실력이 쑥쑥 늘었지. 난 군대에서 평생 그림을 그리며 살고 싶다는 생각을 했어. 그림을 그려 먹고살 수 있겠다는 확신도 들었고."

통이 방정이를 쳐다보며 말했다.

"작가님이 군대에서 필력이 느셨다면, 넌 학교에서 그림 알바하면서 필력이 늘었잖아."

방정이가 수긍했다.

"맞네. 그럼 대학 졸업하자마자 작가가 되신 거예요?"

"아니. 회사원으로 10년 넘게 살았어. 한 인터넷 학습 회사에 들어가 캐릭터 그리는 일을 했어. 그림을 전공하지 않았으니 대학을 나왔어도 고졸 사원 자격으로 들어갔지. 그사이에 결혼을 하고 아이가 둘 태어났어. 그런데 회사가 어려워져 문 닫을 위기에 놓였어. 그때가 인생에서 제일 암울한 시기였지. 나이 사십이 넘으면 디자이너로 다른 회사에 취직하기 힘들거든. 용기를 내서 퇴직금을 털어 처음으로 캐릭터 사업을 시작했어. 그 퇴직금을 다 쓰면 공사장에서 일하자는 심정이었지."

"회사 다니다가 어떻게 사업을 해요?"

통이 물었다.

"나는 회사 다니는 10년 동안 매일 새벽 다섯 시에 일어나 3시간 정도 캐릭터와 웹툰을 그렸어. 누가 시켜서 하는 일이 아니라 진짜 좋아서 한 일이었지."

작가는 휴대폰 사진첩에서 사진 하나를 보여 주었다. 스케치북과 노트가 어림잡아도 수십 권은 되어 보였다.

"이게 다 그때 그린 거야. 아침마다 그림을 그린 건, 사업을 하겠다고 시작한 일이 아니었어. 그냥 좋아서 한 일이지. 그걸 틈틈이 공모전에 보냈는데, 몇 년 동안 여러 곳에서 당선됐어. 나는 사업가 스타일은 아니지만, 나중에 이걸로 먹고살 수도 있겠다는 생각이 들었지. 처음에는 캐릭터 사업이 힘들었어. 한 달에 단돈 5만 원만 번 적도 있었으니까. 그러다가 캐릭터 사업이 서서히 자리를 잡아 가고, SNS 이모티콘도 잘 팔렸어. 지금은 그리고 싶은 그림을 마음껏 그리며 살고 있어."

통이 짓궂게 웃었다.

"그래서 한 달에 얼마쯤 버시나요?"

전궁이도 궁금했다. 사실 직업 이야기를 들을 때면, 그 직업을 택해서 얼마를 버는지가 제일 궁금했다. 작가는 쑥스러워하며 구체적인 금액을 말해 주지 않았다. 그러나 방정이가 집요하게 묻자 어색한 표정으로 답했다.

"회사 다닐 때보다는 많이 벌어. 어떤 때는 한 달에 회사원들 연봉만큼 벌기도 해."

방정이가 경망스럽게 환호성을 올렸다.

"와, 대단하시네요! 캐릭터 작가가 되려면 어떤 능력이 있어야 해요?"

"캐릭터는 단순히 그림을 잘 그린다고 되는 게 아니야. 사람들이 무엇을 좋아하는지에 대한 감각이 있어야 해. 삶의 한순간을 포착해 내는 능력도 필요해. 그 감각은 훈련하면 돼. 웹툰도 마찬가지야. 자기가 하고 싶은 이야기를 하되, 사람들의 공감을 얻을 수 있는 내용을 담는 거지."

통이 손가락으로 옥토끼를 가리켰다.

"옥토끼야. 딱 너한테 필요한 말이네. 얘는 음악을 하고 싶다는데, 남들이 듣건 말건 그저 자기 이야기만 하려고 하거든요."

옥토끼가 조금 침울한 목소리로 물었다.

"근데 작가님은 여러 공모전에서 당선되셨잖아요. 그건 재능이 있어서 그런 거 아닌가요? 재능 없는 애가 무조건 열심히만 해서는 안 된다는 소리로 들려요."

작가는 심각한 표정을 지었다.

"맞아. 재능이 없는데 열심히 하는 친구들을 보면 누군가는 끊어 줘야 한다는 생각이 들어. 냉정하게 들리겠지만, 한 작가가 오랜 시간이 흘러도 계속 그 자리에 있다면, 그 작가는 다른 길을 찾아야 한다고 생각해. 나는 그런 친구들에게는 이렇게 이야기해 줘. '일단 다시 회사 들어가서 돈을 벌어. 그림은 계속 그려. 그림은 언제든지 그릴 수 있으니까 스스로 정비하고, 시장에서 먹힐 것 같을 때 다시 나오면 된다.'고."

방정이도 진지해졌다.

"저는 제 재능을 어떻게 객관적으로 알 수 있을까요? 지금은 제가 그리고 싶어서 그리는 건데 이걸로 먹고살 수 있을까요?"

"사람들은 자기 재능을 객관적으로 알기 어려워. 캐릭터 작가, 웹툰 작가들이 자기 실력을 알아볼 수 있는 기준 중 하나가 공모전이야. 만약 몇 년을 노력해서 공모전에 보냈는데 자꾸 떨어진다면 그림은 일단 취미로만 하는 게 좋아. 자기 실력이 어느 정도 쌓였다 싶을 때, 관련 업계 선배나 전문가의 눈으로 재능을 객관적으로 검증받을 필요가 있어."

옥토끼가 무거운 얼굴로 말했다.

"어쩐지 으스스한 얘기네요. 그 말이 저한테는 재능이 없으면 그만두라는 얘기로 들려요. 김이 팍 새요. '틴틴 래퍼' 나가서 떨어지면 엄청 실망할 것 같아요."

작가가 부드럽게 웃으며 옥토끼의 어깨를 가볍게 톡톡 쳤다.

"열일곱 살이라는 나이는 아직 누구한테 검증받고 말고 할 나이도 아니야. 자기가 하고 싶은 일을 하는 사람은 그 일을 하지 말라고 해도 결국은 하게 되어 있어. 나도 누구에게 인정받으려고 그림을 그린 게 아니라 좋아하는 일을 꾸준히 했을 뿐이야. 그 과정에서 운 좋게 공모전에 여러 번 당선된 거고. 이제 시작이니까 하고 싶은 걸 묵묵히 해 봐. 내 생각에는 자기가 좋아하는 일을 해야 그 일을 오래 할 수 있고, 돈도 더 잘 벌 수 있는 것 같아.

어떤 한 분야의 천재는 정말 0.01퍼센트도 안 돼. 자기에게 재능이 있는지 의심하면서 시간을 갉아먹지 말고, 하고 싶고 잘하는 것을 계속해 나가면서 실력을 검증받으면 돼."

전궁이는 귀가 쫑긋해졌다. 요즘은 대학이나 직장에 들어간다고 해서 마음 편한 시대가 아니라는 건 어렴풋이 알고 있었다. 대학생들은 취직 스펙을 준비하느라 바쁘고, 직장인들은 주말에 온갖 자격증을 따느라 바쁘다고 한다. 전궁이는 또 아빠 생각이 났다. 아빠는 토요일마다 자기 계발이라며 영어 학원에 억지로 다녔다. 반면 파인 작가는 '좋아하는 일'을 하며 미래를 준비했다. 새벽마다 일어나 회사 일과는 별개로 자기가 하고 싶은 일을 했다. 그리고 그 일을 취미로만 두지 않고 실력을 쌓아 검증받았다.

"시간 내 주셔서 고맙습니다."

전궁이와 아이들은 작가에게 꾸벅 인사를 하고 커피숍을 나왔다. 방정이가 짧은 팔을 등 뒤로 넘겨 등을 쓸었다.

"너 왜 그래? 등 가렵냐?"

방정이가 이번에는 양손을 날갯짓하듯 파닥거렸다.

"아니! 나, 등에서 날개가 나올 것 같아. 좋아하는 작가님을 만나서 이야기 나누니까 진짜 좋다, 우히히히."

전궁이도 파인 작가를 만나고 나서 조금 안심이 되었다. 자기가 좋아하는 일을 찾을 수만 있다면, 노력할 자신은 있었다. 어쩌면 자신은 노력이 부족한 게 아니라 방향을 잡지 못해서 전전긍긍했다는 생각이 들었으니까!

그때, 누가 전궁이 등을 두드렸다.

뒤를 돌아보니, 송아 누나가 얼굴에 의미심장한 웃음을 흘리고 있었다.

"길냥이들, 잠깐 따라와."

이건 부탁이 아니라 명령이었다. 누나는 주차장 옆 흰색 천막 안으로 아이들을 데려갔다. 그 안에는 다른 누나들이 두 명 더 있었다. 누나들이 아이들을 보는 눈빛이 심상치 않았다.

"일단 앉아."

아이들은 영문도 모른 채, 동그란 빨간색 플라스틱 의자에 앉았다. 테이블 위에는 사각 거울들이 놓여 있었다.

"무슨 일이에요?"

통이 물어봐도 송아 누나는 별 대꾸 없이 다른 누나들에게 말했다.

"시작하지."

뭐지? 생체 실험이 벌어질 것 같은 이 음산한 분위기는? 누나들이 까만 박스에서 정체불명의 물건들을 꺼내 테이블 위에 착착착 올려놓았다.

"자, 여러분. 정말 놀랍지 않아요? 이 옷을 다 쓰레기로 만들었다는 사실! 국내 최초, 쓰레기로 만든 코스프레! 저 MC 드릴이 해냈습니다! 짜잔! 드디어 완성되었습니다!"

한 시간 뒤, 전궁이는 거울을 보고 망연자실한 웃음을 감출 수 없었다. 전긍이는 〈스타워즈〉의 다스 베이더, 옥토끼는 〈코코〉의 미구엘, 방정이는 〈수어사이드 스쿼드〉의 할리퀸, 통은 〈다크 나이트〉의 조커로 변신해 있었다. 어젯밤 거실에 너저분하게 널려 있던 물건들로 밤새 만든 게 바로 이 의상들이었다. 송아 누나는 아이들이 변하는 모습을 계속 카메라에 담았다.

누나는 분장을 시작할 때 이렇게 말했다.

"얘들아, 도와줘! 미리 섭외해 놓은 애들이 있었는데, 갑자기 펑크를 냈지 뭐야. 내가 오늘 이 영상 찍는다고 구독자들에게 예고했거든. 그럼 시작한다."

그렇게 분장이 다 끝났다. 할리퀸 방정이가 가장 먼저 벌떡 일어났다. 이걸 안 시켰으면 어쩔 뻔했나 싶을 정도로 분장하는 내내 즐거워하고, 거울을 보며 양 갈래로 묶은 가발의 매무새를 가다듬었다. 제 모습을 확인하고 누런 이를 드러내 해사하게 웃기도 했다. 옥토끼는 미구엘이 저승을 헤맬 때의 모습인 해골 분장을 했다. 눈 주위와 콧등, 입술을 까맣게 칠해서 밤에 보면 섬뜩할 것 같았다. 통도 얼굴에 하얗게 분칠을 해서 본래 얼굴을 찾기 어려웠다. 빨갛게 쭉 찢어진 듯한 입술 모양과 초록색 가발 때문에 진짜 미치광이처럼 보였다.

송아 누나가 다른 누나들과 이야기하는 사이, 전긍이가 아이들에게 나지막이 말했다.

"방송 보고 누가 알아보면 어떡해?"

"전긍아, 걱정 마. 어제 보니까 구독자 수가 천 명도 안 돼. 이

거 보고 우리를 찾을 리 없어. 나 코스프레 해 보고 싶었는데 소원을 이뤘네, 우히히히."

전궁이는 거울에 비친 자기 모습을 바라보았다. 아까 송아 누나는 까만색 구두 상자를 잘라 만든 가면을 전궁이에게 씌웠다. 가면에는 눈과 코 부분에만 구멍이 뚫려 있었다, 얼굴에서 땀이 줄줄 흘러내렸다. 옷과 망토는 어디서 주워 온 암막 커튼으로 만든 것이었다.

자세히 살펴보면 조악한 분장이지만 얼핏 보면 그럴듯했다. 전궁이는 이런 일탈은 처음이라 조금 신이 났다. 전궁이는 사람들이 왜 코스프레를 하는지 알 것 같았다. 지금 이 순간만큼은 다른 사람이 된 것 같았으니까.

"나가자! 이제 사람들 반응을 찍을 거야."

송아 누나 말에 전궁이는 망토를 휘날리며 천막을 나갔다. 송아 누나가 매표소 쪽으로 가서 방송 멘트를 하며 사람들을 불러 모았다. 사람들이 관심을 보였다. 방정이는 온갖 포즈를 다 취하며 연예인이라도 된 것처럼 사람들과 어울렸다. 전궁이도 가면을 쓰고 있어서 그런지 쑥스러움이 덜했다. 아이들은 사람들과 함께 사진도 찍었다.

"컷! 수고했어. 너희 덕분에 무사히 방송 잘했네. 편집본은 나중에 올릴 테니 꼭 봐! 이제 누나는 일하러 간다."

"옷은요?"

"기념으로 가져가! 다음에는 다른 거 만들어야지. 잘 간직해."

"누나, 이번엔 빠뜨리는 거 없이 잘 챙겨 가요!"

옥토끼가 송아 누나를 살뜰히 챙겼다.

그때 전긍이는 하도 더워서 박스를 벗으려다 자기 눈을 의심했다. 눈앞에 피바다가 서 있었기 때문이었다. 머리에서 식은땀이 퐁퐁 솟았다. 발바닥이 땅에 붙은 듯, 발이 떼어지지를 않았다.

'어휴, 이제 잡혔구나!'

전긍이는 체념했다. 방정이는 아직 사태 파악을 못하고, 뒤돌아서서 어떤 꼬마와 사진을 찍고 있었다.

피바다가 하필이면 전긍이에게 휴대폰을 내밀었다.

"너희들, 혹시 여기서 이런 애들 봤니?"

휴대폰 앨범에는 학기 초에 냈던 네 명의 증명사진이 있었다.

"아니요."

전긍이는 일부러 목소리를 낮게 깔고 말했다.

"이상하다. 분명히 여기 있을 텐데……."

피바다가 뒤돌아 주위를 살피며 사라졌다.

"후유."

아이들이 전긍이 옆으로 다가왔다. 그제야 피바다를 발견한 방정이가 말했다.

"피바다가 우리 못 알아봤나 봐."

"그러게. 와, 진짜 우리 못 알아본 거야? 말이 돼?"

"하긴 나도 네 얼굴 못 알아보겠어. 넌 분장한 게 훨씬 낫다."

"너도 마찬가지야."

통이 박물관 입구 쪽으로 발걸음을 빠르게 옮기며 말했다.

"일단 나가자."

방정이도 재빨리 말했다.

"전철 타고 방송국 쪽으로 가자. 옥토끼 오디션이 여섯 시니까 시간은 충분하지만, 아무튼 여기를 빨리 벗어나야 돼."

"그러자."

"아무리 생각해도 피바다 속인 건 정말 신의 한 수다, 그치? 우히히히."

저만치 전철역 입구가 보였다. 아이들이 뛰기 시작했다. 얼른 방송국이 있는 역에 가서 세수하고 옷을 갈아입으면 될 것 같았다.

그때 등 뒤에서 들려온 목소리가 있었으니…….

"나힘찬, 지금 웃음이 나와?"

전긍이는 그 말에 소스라치게 놀랐다. 뒤를 돌아보니 피바다뿐만 아니라 경찰 두 명, 통 아빠, 옥토끼 아빠, 방정이 엄마, 전긍이 엄마가 서 있었다.

가장 먼저 방정이 엄마가 달려와 방정이 등을 치며 울었다.

"아이고, 내 새끼! 아무리 널 믿어도 그렇지, 이렇게 며칠씩 연락도 없으면 어떡하니? 엄마가 얼마나 걱정했는지 알아? 너 잘못됐으면 엄마는 못 살아! 아흑흑흑……."

엄마가 꼭 껴안자, 방정이도 울먹였다.

"내가 걱정하지 말랬잖아. 나 못 믿어, 엄마? 흑흑."

"그래도 연락은 했어야지, 이 철딱서니 없는 것아! 그 뒤로 왜 연락을 안 해? 얼마나 걱정했는데!"

"으어어어헝. 어…… 어…… 엄마!"

눈 화장을 한 방정이 눈에서 마스카라가 번진 검은 눈물이 흘러내렸다.

통 아빠는 통보다 훨씬 키가 작았지만 몸이 다부졌다. 통 아빠는 통을 위아래로 훑어보고 성큼성큼 다가와 어깨를 짚었다.

"다친 데 없고?"

"어."

"그럼 됐다. 타."

통 아빠는 '달나라 옥토끼 떡집' 로고가 새겨진 봉고차 문을 힘껏 열었다. 통과 통 아빠, 방정이와 방정이 엄마가 그 차에 올라탔다.

옥토끼 아빠는 말없이 옥토끼에게 다가왔다. 작은 체구에 살짝 튀어나온 하관이 옥토끼와 꼭 닮아 유전자의 위대함을 느끼게 해 주었다. 옥토끼 아빠는 착잡한 표정으로 아들을 바라보고 딱 한마디 던졌다.

"가자."

옥토끼도 말없이 올라탔다. 피바다가 운전석 옆자리에 앉았다. 그렇게 떡집 차가 먼저 출발했다.

전궁이에게 전궁이 엄마가 다가왔다. 엄마는 전궁이 어깨를 잡고 흔들었다. 엄마의 흐트러진 모습이 눈에 들어왔다. 엄마는 평소에 음식물 쓰레기 버리러 갈 때도 화장을 하고 머리를 매만지고 나가는 사람이었다. 그런 엄마가 화장은커녕 머리 손질도

하지 않아 부스스한 모습이었다. 옷도 트레이닝복 차림이었다.

엄마는 이렇게 말하며 눈가를 훔쳤다.

"야, 이 자식아. 네가 어떻게 이래? 어?"

그 모습을 보자 전궁이는 마음이 누그러지고 엄마에게 미안해졌다.

'엄마가 정말로 나를 걱정하고 있었구나. 내가 무슨 짓을 한 거지?'

전궁이는 엄마 뒤를 따라가, 차 뒷자리에 살포시 앉았다. 그러고 나자, 도대체 어떻게 자기들이 잡혔는지 궁금해졌다. 분명 처음에는 피바다가 자기들을 못 알아보지 않았는가?

그러나 엄마에게 물어볼 틈이 없었다. 차에 타자마자 엄마가 전궁이에게 쉬지 않고 퍼부어 댔기 때문이었다.

"네가 정신이 나가도 단단히 나갔지. 이런 기회를 날려? 그 기숙 학원, 대기 많은 데야. 엄마가 아는 사람 통해서 어렵사리 구했다고 했지! 그리고 너, 돈을 얼마를 날린 줄 알아? 거긴 환불도 안 되거든! 땅을 파 봐라, 그 돈이 나오나."

아까 엄마는 전궁이가 걱정되어 울었다기보다는, 엄마가 짜 놓은 계획을 전궁이가 망쳐 버려서 분해서 운 것 같았다. '악어의 눈물'에 속았다는 생각이 들어 씁쓸했다.

"밥은 제대로 먹고 다녔니? 다친 데는 없고? 얼마나 걱정했는데."라는 말이 먼저 아닌가? 이런 생각이 들자 욱하는 마음이 생겼다. 그러나 전궁이는 한 마디도 하지 못했다. 뭐라고 엄마에게 대꾸하고 싶었지만, 또다시 말문이 턱 막혔다.

운전하는 내내 엄마는 정신이 혼미해질 정도로 전궁이를 윽박질렀다. 엄마의 속사포 같은 잔소리에 멀미가 나려고 했다. 엄마 입에서 거미줄처럼 끈적끈적한 실이 나와 전궁이의 온몸을 꽁꽁 묶어 버리는 것 같았다.

엄마는 자기가 하고 싶은 말을 쏟아 내고 속이 후련하다는 표정이었다. 의기양양한 승리자의 기운이 느껴졌다. 엄마는 다시 전궁이를 조종할 수 있다고 믿는 듯했다.

엄마는 물 한 모금으로 입을 축이고, 전궁이를 다시 몰아세웠다.

"네가 모범이 돼야지, 네 동생이 뭘 보고 배우겠어? 응?"

엄마가 또다시 잔소리를 시작하려는 찰나, 엄마 휴대폰이 울렸다. 엄마가 스피커폰으로 전화를 받자, 방정이 목소리가 들려 왔다.

"여보세요? 전궁이 어머니, 저희 지금 다 안성 휴게소에 있는데요. 지금 저희 옥토끼 오디션 가려고 차 돌리려고요. 전궁이 데려가도 되나요?"

엄마는 그 말을 듣자마자 소리를 꽥 질렀다.

"제정신이야, 너희?"

그러고는 끊는다는 말도 없이 종료 버튼을 손가락으로 거칠게 밀었다.

"뭐, 오디션? 순진한 내 아들 꼬드겨서 가출까지 하게 해 놓고 또 어디를 간다고? 내 이것들을 만나서 혼쭐을 내 줘야지."

전궁이는 속으로 놀랐다. 도대체 어떻게 아이들이 옥토끼 오디션에 가는 걸 허락받은 거지? 옥토끼 아빠도 랩 하는 거 싫어하신다고 했는데?

엄마는 안성 휴게소 이정표가 나오자 망설임 없이 그리로 차를 몰고 들어갔다. 휴게소에 들어서자마자 옥토끼네 떡집 봉고차가 보였다. 엄마가 옥토끼네 봉고차 바로 옆에다 비스듬히 차를 대고, 자판기 옆에 서 있는 방정이 엄마에게 다가갔다.

"여보세요, 자식 교육 좀 똑바로 시켜요! 이제 마음 잡고 공부하려는 애한테 또 어디 가자고 댁의 아들이 자꾸 꼬드기잖아요! 애는 원래 공부만 하던 애라고요."

방정이 엄마는 당황하며 어쩔 줄 몰라 했다.

그때 멀리서 코스프레 복장을 아직 벗지 못한 아이들이 입에 핫바를 하나씩 물고 오는 모습이 보였다. 전궁이 엄마는 아이들에게 성큼성큼 걸어갔다.

"너희들! 너희 꼴 좀 봐! 집 나가서 이게 무슨 우스꽝스러운 짓이야! 우리 애를 어딜 데려간다고?"

그때 전궁이 가슴속에서 뜨거운 무언가가 울컥하고 치밀어 올랐다. 전궁이는 엄마에게 뛰어가 엄마 어깨를 툭 쳤다. 엄마가 뒤돌아보았다. 전궁이는 가슴속에서 끓어오르는 이 말을 하지 않으면 안 될 것 같았다. 지금 이 말을 못한다면 전궁이는 영원히 속으로는 엄마 탓을 하면서도, 엄마가 휘두르는 대로 살게 될 것 같았다.

전궁이는 엄마를 똑바로 바라보았다. 두려움이라는 오래된 감정이 몸을 긴장하게 만들었지만, 전긍이는 허리를 곧추세우고 애써 목소리에 힘을 주어 말했다.

"우리 꼴이 어때서?"

"뭐? 그럼 학생이 집 나가서 이런 이상한 꼴로 다니는 게 정상이냐?"

엄마의 날선 말에 전긍이는 순간적으로 움찔했다. 하지만 전긍이는 주먹을 꼭 쥐고 똑바로 엄마 눈을 마주 보았다.

"이런 건 이상한 게 아니야. 나도 내 인생이 있는데, 그동안 엄마가 시키는 대로 꼭두각시처럼 살았던 게 더 이상한 거 아니야?"

"뭐라고?"

엄마가 충격을 받은 듯 주춤거렸다.

"엄마, 이제 그만 좀 해! 중3 때 엄마가 보낸 기숙 학원에서 무슨 일이 있었는지 알잖아! 서울대 가려고 5수한 형 기억나지? 나랑 한 달간 같은 방 썼던 재민이 형 말이야. 수능 점수 받던 날, 그 형 수면제 먹었어. 그 형 거품 물고 쓰러져 있는 거 제일 먼저 발견한 사람이 나라고! 그때 내가 울면서 그 기숙 학원에서 나오게 해 달라고 했잖아. 얼마나 무서웠다고! 근데 엄마는 들은 척도 안 했지. 방만 바꿔 주고는 그 형처럼 안 되려면 더 열심히 해야 한다는 말만 했어. 나한테 정신력 약하다는 얘기만 하고! 엄마가 괴물이라는 걸 이제야 알았어. 내가 이번에 기숙 학원 안 간 거는 얘들 때문이 아니야. 내가 안 가고 싶어서 도망친 거야! 이번에 가면…… 내가 수면제 먹을까 봐!"

항상 목구멍에 걸려 있던 커다란 구슬 하나가 톡 튀어나오는 것 같았다. 엄마는 전긍이의 갑작스러운 태도에 놀라 얼굴이 일그러졌다.

"뭐, 뭐라고? 그 형 죽진 않았잖아. 병원 가서 괜찮아졌으니 된 거 아냐? 왜 그때 얘기를 꺼내고 그래? 네가 잘했어 그럼?"

"공부만 하려면 자꾸 그 형 모습이 떠올랐어. 그 형처럼 나도 실패할까 봐. 그치만 앞으로는 그렇게 안 살 거야!"

자기 몸을 옭아매고 있던 보이지 않는 실들이 우두둑 소리를 내며 떨어지는 것 같았다. 그동안 전긍이는 자기가 엄마에게 묶여 사는 게 모두 엄마 탓이라고 생각했다. 그러나 이제는 깨달았다. 자기 몸에 그 실을 묶게 내버려 둔 것은 바로 자기였으며, 그 실을 자르는 칼을 가진 사람도 바로 자기라는 사실을.

엄마가 서늘한 눈빛으로 전긍이를 노려보며 말했다.

"이게 진짜? 너의 이런 꼴, 남들이 알까 무섭다."

전긍이는 다리가 부들부들 떨렸지만, 심호흡을 하고 다리에 힘을 꽉 주었다.

"그놈의 남, 남! 엄마는 엄마 자식인 나보다 남들이 그렇게 중요해? 나, 판사나 검사 돼서 엄마 목에 메달 걸어 주는 거 안 할 거야. 엄마 메달은 엄마가 직접 걸어. 엄마도 하고 싶은 거 있잖아. 대학 가고 싶으면 엄마가 가! 예전부터 배드민턴 다시 하고 싶다고 했으니까 레슨도 다시 하고, 다시 운동해. 엄마 이름 건 배드민턴 교실을 만들든가. 나한테 자꾸 이래라저래라 하지 말고. 이제 누가 뭐래도, 내 길은 내가 알아서 갈 거야."

그 말을 마치고 전궁이는 옥토끼네 봉고차로 뛰어가 쾅 하고 문을 닫았다.

"아니, 뭐? 뭐라고?"

전궁이 엄마가 넋이 나간 듯, 멍하니 입을 벌렸다. 방정이 엄마가 자판기에서 뽑은 커피를 전궁이 엄마에게 건넸다.

"시우 어머니, 아이들은 항상 부모 기대를 뛰어넘네요. 자식이 내 맘대로 안 되는 거, 그게 자식 키우는 맛 아니겠어요?"

전궁이를 태운 차는 방향을 돌려 서울로 향했다. 전궁이는 줄곧 궁금했던 점을 물었다.

"옥토끼, 넌 어떻게 허락을 구한 거야?"

"처음엔 당연히 아빠가 이해 못할 거라 생각해서 아무 말도 안 했어. 아빠는 내가 왜 가출했는지 모르겠다고 계속 화만 내고. 그런데 랄 누나 조언이 생각나서 용기를 냈어. 아빠한테 랩을 향한 내 열정을 진지하게 털어놨어."

"랄 누나?"

"누나가 그랬잖아. 원하는 일이 있으면 부모님을 진실하게 설득하라고."

"아!"

전궁이도 랄 누나가 생각났다. 평생 지랄 발랄하게 못 살아 봐서 지금에야 하고 싶은 일을 한다는 누나.

운전석에서 옥토끼 아빠가 피바다에게 큰 소리로 말했다.

"선생님, 저는 처음에 애가 랩 한다고 했을 때, 떡 포장할 때 씌우는 랩인 줄 알았당께요."

"예전부터 우리 아빠는 나한테 랩 할 거면 차라리 떡집이나 물려받으라고 얼마나 잔소리하셨나 몰라."

옥토끼 아빠가 목소리를 높였다.

"떡집이 뭐 어때서야? 요즘 젊은 사람들은 좋은 대학 나와도 취직하기 어렵담시롱. 다들 결혼도, 애 낳는 것도 전부 포기한다메. 이 아빠는 가난해서 고등학교만 간신히 나왔지만 떡 만들어서 자식 가르치고 집 사고, 할 거 다 했어."

"아까도 계속 저러셨어. 내가 아빠한테 먹고살기만 하면 되냐고 소리도 지르고, 암튼 분위기 엄청 심각했어. 사실 나 아빠랑 그동안 이렇게 얘기 많이 해 본 적 없었어. 아빠는 떡집 하느라 바쁘고, 난 학교 다니느라 바빴잖아. 아빠는 음악 해서는 먹고살 수 없다는 말만 계속했어."

당시 오간 대화로는 둘이 절대 화해할 수 없었을 것처럼 보였다. 전궁이가 물었다.

"근데 어떻게 허락해 주신 거야?"

옥토끼가 머뭇머뭇 대답하려고 할 때, 옥토끼 아빠가 피바다에게 말했다.

"선생님, 사실 노래로 성공하긴 힘들지요이? 거긴 전국에서 몇 사람만 성공하는 곳잉께요. 첨에는 포기하라고 계속 실랑이를 했는디, 그래도 쟈가 해 보고 싶다고 엉엉 우니께 억장이 무너지드랑께요. 그래서 자식 이기는 부모가 없는가 봅니다. 하긴 뜯어 말려 싸믄 더 하고 싶어징께…….”

“헐! 너 울었냐? 그것도 엉엉?”

전긍이가 놀라며 묻자 옥토끼 대신 방정이가 입을 실룩거렸다.

“오늘 내가 남자의 뜨거운 눈물을 봤다는 거 아냐.”

옥토끼가 발끈했다.

“그냥 하품한 거라니까?”

통이 히죽 웃었다.

“아, 하품을 오열하면서 하는 사람도 있구나. 전긍아, 너 좋은 구경 놓쳤다.”

“너도 지난번에 수빈이한테 차여서 울었잖아.”

“닥쳐! 그건 눈에서 땀 난 거라고.”

“방정이 너도 아까 엄마 품에서 다리 뻗고 울었잖아.”

“언제? 기억 안 나는데? 참, 전긍이 넌 이무기 문신 깡패한테 맞고 통곡했잖아.”

“야, 내가 언제?”

다들 눈물 맛을 짭짤하게 본 가출이었다.

피바다가 뒤돌아보며 말했다.

“옥토끼, 오늘 오디션 잘해라. 아니면 운동장 50바퀴다.”

“네.”

그렇게 말하는 피바다도 그리 화나 보이지 않았고, 옥토끼도 그 말을 위협으로 받아들이지 않았다.

피바다는 아이들이 도망쳤을 때, 처음에는 무척이나 괘씸해했다. 꼭 자기 손으로 아이들을 잡아서 혼내 주리라 생각했다. 그런데 아이들 행방을 놓치면서부터는 아이들에게 혹시라도 무슨 일이 생겼을까 봐 불안했다. 막상 아이들을 찾았을 때는 아이들이 무사해서 정말 다행이라고 생각했다. 그리고 돌아오는 차 안에서 옥토끼와 아빠가 나누는 이야기를 들었다. 처음으로 옥토끼가 무슨 고민을 얼마나 진지하게 하고 있는지 알 수 있었다. 단순히 한순간의 치기로 여기기에는 옥토끼가 랩을 대하는 열정이 깊어 보였다. 한번 기회를 주는 것도 나쁘지 않을 것 같았다. 그게 지금 피바다가 옥토끼 아빠 옆자리에 타고 함께 서울로 다시 올라 가는 이유였다.

전궁이가 뒷자리에 앉은 부모님들을 힐끔거리며 작은 목소리로 물었다.

"그럼 너희 둘은 어떻게 허락받았어?"

"나랑 통이 싹싹 빌었지, 뭐. 우리 둘이 완전히 달라지겠다고 부모님한테 다짐하고, 선서하고, 난리도 아니었어."

"근데 우리 어떻게 잡힌 거야? 아까 선생님도 우리 못 알아봤잖아."

전궁이의 말에 피바다가 한쪽 입꼬리를 올리고 웃었다.

"그때는 그 애들이 너희라고 생각도 못했다."

통이 방정이를 가리켰다.

"그게 다 이 자식 때문 아니냐."

"왜?"

"처음엔 거기서 엄마 아빠들이 다 우리 못 알아봤대. 근데 방정이 엄마가 얘 신발을 본 거지. 저 신발이 전국에 몇 개밖에 없는 한정판이라며? 저 신발 꼬락서니 좀 봐라. 냄새도 좀 나냐? 한 번 보면 뇌리에 박힐 만한 신발이잖아."

"아! 그럼 만화 박물관은 어떻게 알고 오셨대? 설마 송아 누나 방송 보신 거야?"

"아니, 그 누나 구독자 수는 천 명도 안 된다니까?"

"그럼?"

"신고는 진작부터 하고 우리를 찾았대. 네 명이 한꺼번에 증발했으니까 진짜 큰일 난 줄 알고. 근데 처음에는 우리를 못 찾았지. 우리가 카드를 쓰냐, 휴대폰이 있냐?"

"근데 어떻게?"

"네 동생 빛나 때문이야. '연예인 톡톡' 보다가 우리를 봤대. 알지? 청계천에서 수빈이 남친 봤잖아. 우리가 걔 옆에 있던 모습이 방송에 나간 거야. 수빈이가 '꺅, 저기 오빠 있어!' 했대. 너네 엄마가 우리 부모님들 다 데리고 올라와서 경찰들이랑 청계천부터 CCTV로 추적을 시작했대. 그러다 우리 모습이 아까 전철역 CCTV에 잡혀서 부모님들이 다 그리로 오신 거지."

통이 느긋한 표정으로 웃었다.

"하하, 그래도 고자감래라는 말이 있잖아. 고생 끝에 낙이 온다고, 우리가 잡히긴 했지만 이렇게 옥토끼 오디션에도 가고."

방정이가 잽싸게 지적했다.

"고진감래겠지."

옥토끼 아빠는 앞에 천천히 달리는 차가 있으면 이렇게 말하며 차선을 변경했다.

"우리 아들이 오늘 중요한 시험 보러 간당께요. 비켜 주씨요!"

옥토끼 아빠 차가 방송국에 도착했다. 방송국 1층은 전면이 유리로 되어 있어 안이 훤히 들여다보였다. 로비는 교복을 입은 학생들로 가득 차 있었다.

옥토끼가 1층 녹화장으로 들어가자, 어떤 사람이 옥토끼에게 다가왔다. 짧은 파마머리를 하나로 묶은 여자였다. 목에 건 명찰에 '김선미 PD'라고 적혀 있었다. PD가 옥토끼를 위아래로 훑어보았다.

"옥한결 학생, 오늘 이 복장으로 무대에 서겠다고? 교복은 어디 있고?"

그러고 보니 교복 꾸러미는 전궁이가 들고 다니다가, 엄마 차에 놓고 왔다. 옷 갈아입을 틈이 없었기 때문에 옥토끼는 아직도 꿈을 찾아 저승을 헤매던 〈코코〉의 미구엘 차림이었다. 재활용 수거함에서 뒤져 낸 것 같은 빨간 후드 티와 찢어진 청바지를 입어 더할 나위 없이 초라해 보였다. 얼굴 화장은 얼룩덜룩해져서 몰골이 말이 아니었다.

PD가 옥토끼를 보고 얼굴을 찡그렸다.

"내가 옥한결 학생을 예선에서 통과시킨 이유는 지방 명문 사립 학교에 다니는 학생답게 랩이 참 순수하고 반듯해서야. 그런데 자유분방한 예고 애들은 단정하게 교복 입고 오고, 한결 학생은 이런 거지 깽깽이 같은……. 일단 세수부터 하고 와. 진정성 있는 이야기 있으면 무대에서 1분 내외로 해 보고. 비트는 등록한 그거 그대로 쓸 거지?"

"아니요. 혹시 몰라서 제가 만든 비트 하나 더 보냈는데, 그걸로 할게요."

"알았어."

PD가 가자 방정이가 물었다.

"네가 만든 비트라고? 그 비트로 공연해 본 적 있어?"

"아니. 다만 이게 내 인생 마지막 텔레비전 무대가 될지도 모르니까 남의 비트 말고 나만의 비트로 해 보고 싶어."

"너 설마 또 그 별똥인지 소똥인지 그거 할 거야?"

통의 물음에 옥토끼가 알 듯 말 듯한 미소를 흘렸다.

"녹화 시작합니다! 녹화 시작합니다!"

옥토끼가 리허설을 하러 들어가고 한참 만에 머리에 헤드셋을 쓴 젊은 아저씨가 로비를 향해 소리쳤다. 녹화장 안에는 학생들만 들어갈 수 있었기 때문에 어른들은 지하에 있는 대기실에서 모니터로 본선 장면을 보기로 했다.

녹화장 안에는 얼핏 보아도 200명쯤 되는 학생들이 있었다. 무대 왼쪽 층계참에는 참가자들이 세 줄로 앉아 있었고, 무대 나머지 세 면에 방청객들이 서 있었다. 참가자 중에는 연예인처럼 눈에 확 띄는 아이들이 더러 있었다. 참가자들 대부분이 깔끔한 교복 차림이었다.

옥토끼는 그사이 세수도 하고 제작진이 준비해 준 교복으로 갈아입었다. 교복이 커서 꼭 형 옷을 물려 입은 아이처럼 보였다.

방정이가 전긍이를 팔꿈치로 쿡 찌르며 참가자 중에서 덩치 큰 어떤 남자애를 가리켰다. 그 남자애는 머리와 눈썹을 박박 다 밀어 버려 인상이 험악해 보였다. 목과 손목, 손가락에는 파스가 붙어 있었다.

전긍이가 방정이 귀에 대고 속삭였다.

"잰 어디 아픈가? 운동하다 목이랑 손을 삐끗했나 보다."

"멍청아. 문신 가리려고 붙인 거잖아."

"아!"

드디어 녹화가 시작되었다. 25명이 겨루어서 표를 많이 받은 순으로 4위 안에 들어야 16강전에 나간다고 했다.

잠시 뒤 관객석에서 "와!" 하는 함성이 터져 나왔다. 뮤로, 씨크, 엠크루, 빔 등 유명 래퍼들이 눈앞에 나타났다. 래퍼들은 무대 앞에 높게 설치한 단상 의자에 앉았다. 전지전능한 신이 인간들을 내려다보는 듯했다. 인기 연예인을 실제로 보니 신기했다.

헤드셋을 한 아저씨가 아이들에게 리모컨을 하나씩 나눠 주며 랩을 잘하는 친구에게 누르라고 했다. 전긍이는 옥토끼한테만

누를 작정이었다.

사회는 개그맨 민세용 아저씨가 보았다. 맨 처음으로 예고에 다니는 여자애가 나왔다. 방청석 여기저기에서 "와!"하는 소리가 나올 정도로 패기 넘치게 랩을 잘했다. 방정이는 그 아이가 랩을 마치자마자 버튼을 계속 눌러 댔다. 의리 때문에 누르지 않으려고 했지만, 전긍이 손가락은 이미 버튼을 지그시 누르고 있었다. 다음은 전에 대학로 클럽에서 본 적 있는 남자애였다. 수준이 프로급이었다.

전긍이가 방정이에게 속닥거렸다.

"제작진 너무하지 않냐? 처음부터 저렇게 외모 되고 실력 좋은 애들을 내보내면 어떡해? 우리 귀여운 옥토끼가 완전 오징어 되잖아."

아이들이 차례로 나와 랩을 했다. 중간에 가사를 잊어버려서 우는 애도 있고, 끝까지 하고서도 다시 한 번 기회를 달라고 애원하는 애도 있었다. 이윽고 아까 그 파스맨이 무대에 올라왔다.

심사 위원인 래퍼 빔이 파스맨에게 물었다.

"학교 퇴학당했네요?"

파스맨이 담담하게 말했다.

"네, 제가 하고 싶은 일이 있어서 학교를 그만두어도 된다고 생각했습니다. 학교를 안 나갔죠. 그래서 퇴학당했습니다."

장내가 조용해졌다. 파스맨이 마이크를 입에 바짝 갖다 댔다.

"바로 비트 주세요."

그는 자신만만하게 랩을 시작했다. 험상궂은 외모와 달리 목소리는 의외로 방방 뜨는 고음이었고, 음정이 불안했다. 가사를 잊어버린 듯, 중간에 박자를 두 번이나 아슬아슬하게 놓쳤다. 절실해 보이는 사람에게 실력이 없을 때 더 안타까운 법이었다.

파스맨의 랩이 끝나자마자 방정이가 전긍이 귀에 대고 말했다.

"학교 그만두는 건, 음, 아무나 하면 안 될 것 같아."

마침 전긍이도 같은 생각을 하고 있었다. 파스맨은 파인 작가가 한 말 중에 '자기 능력을 객관적으로 검증받기'를 시도 중인 것 같았다.

"이제 마지막 참가자입니다."

민세용 아저씨가 마지막 참가자를 호명했다. 커다란 전광판에 드디어 옥토끼 이름이 떴다.

'순천 무진고등학교 1학년 옥한결'

옥토끼가 무대에 섰다. 옥토끼는 긴장한 듯 눈을 끔뻑거리며 눈동자를 이리저리 굴렸다.

"야, 순천에서 오셨네요. 그 고추장 만드는 곳? 그럼 랩 실력이 얼마나 매운지 한번 볼까요?"

옥토끼는 평정을 찾으려는 듯 숨을 길게 내쉬고 말했다.

"후우, 그건 순창이고요. 전 순천인데요. 노래 제목은 '메이즈', 미로라는 뜻입니다. 비트 주세요."

무대가 어두워졌다. 파란색 스포트라이트가 옥토끼를 비췄다.

'자식, 아까 PD가 사연도 얘기하라고 했는데. 원래 오디션에서는 '사연팔이'가 절반은 차지하지 않던가. 우리가 얼마나 억압적인 환경에서 탈출했는지, 개고생을 했는지, 조금이라도 말하지. 그럼 동정표라도 얻을 텐데.'

전긍이의 생각과는 다르게 옥토끼는 무슨 말을 하기는커녕 고개를 푹 숙이고 있었다.

웅장한 느낌의 비트가 흘러나왔다. 그러자 놀라운 일이 벌어졌다. 옥토끼의 눈빛이 침착하고 진지하게 돌변한 것이었다. 관객들 입에서 "오~!"하는 감탄사가 나왔다.

난 갇혀 버렸네. 퇴로 없는 미로에.

컴컴하게 축축한 이곳 괴물 소리 들리네.

겁에 질려 두드리고 소리치네.

아무도 내 소릴 들어 주지 않네.

애타게 길 찾고, 살피고,

목이 잠기고, 기도 올리네.

어디에도 길이 없네.

절망의 눈물 차올라.

그때 헝클어진 실패 하나 눈앞에 떠올라.

오랜 시도, 실패 푸는 걸

실패할까 시도조차 시련이야.

빛과 함께 들려오는 희미한 목소리로

미로 안에 퍼지는 작은 위로

미로 밖 그들은 모든 걸 들려주네, 모은 걸 나눠 주네.

그제야 난 깨달았어.

이 미로를 나갈 지도

그건 내가 날 안 순간, 알게 될지도

정말 내가 날 만나면 미로가 사라질지도

괴물은 거울에 비친 내 맘속 곪은 질문

내 안의 무지 두려워 미리 포기한 비겁함일지도

내가 벗은 두려움이란 허물이 허물어져

그제야 미로가 사라지네.

like 한순간 판타지네.

더 이상 실패를 두려워 않네.

인생의 실패 당겨 내 길을 찾아가네.

실패해도 괜찮아. 실패는 꿈 향한 사다리네.

아직 가슴 뛰는 나인걸.

아직 가슴 뛰는 나인걸.

이제 난 미래란 미로 뛰는 메이즈 러너

인생이란 항로 찾는 세일러

꿈이란 드럼 두드리는 드러머

찬란한 그림 그리는 디자이너

지난 시간 부끄럼 이기는 파이터

전쟁 나가 이길 태세 갖춘 테세우스 히어로

I was lost in the maze like the amazing hero of the myth
I can find the way in the middle of the mist
I run and run and run on ma way and ma way
I'll be winner, winner, winner of ma life and ma life.

옥토끼 랩을 듣자니, 전긍이 머릿속으로 방정이가 창틀에서 뛰어내렸을 때부터 벌어진 일들이 파노라마처럼 펼쳐졌다. 길에서 만난 사람들과 그들이 들려준 이야기들도 차례로 떠올랐다. 엄마에게 처음으로 자기 속마음을 털어놓은 일도 떠올랐다. 말로는 설명할 수 없는 감정이 뭉클 솟아올랐다.

옥토끼의 랩이 끝나자, 전긍이는 리모컨의 빨간 버튼을 꾹 눌렀다. 그건 친구이기 때문이 아니라 마음에 감동을 준 가수에게 누른 것이었다.

전긍이는 조마조마한 마음으로 전광판을 바라보았다. 25명 중 4위 안에 들어야 본선에 든다고 했다. 과연 옥토끼는 본선에 오를 수 있을까? 그때까지 4위 안에 든 아이들은 크루를 만들어 활동하거나 소속사에 들어가 활동하고 있는 아이들이었다. 옥토끼가 그 애들을 꺾고 본선에 진출할 수 있을까?

5

전광판에는 5라는 숫자가 떴다. 절로 탄식이 나왔다. 전긍이는 눈물이 핑 돌 정도로 아쉬웠다. 그러나 무대에서 내려온 옥토끼는 오히려 후련해했다.

"가사 안 틀린 것만 해도 다행이야. 진짜 떨렸어."

아이들이 옥토끼와 함께 녹화장을 나섰다. 벌써 피바다와 부모님들이 주차장에서 아이들을 기다리고 있었다. 옥토끼 아빠가 옥토끼를 보고 다가와 안아 주었다.

옥토끼가 고개를 푹 수그렸다.

"미안해, 아빠. 본선에 못 들었어."

"아니랑께. 열심히 잘했구먼. 역시 예술가 아들은 다르당께."

"예술가?"

옥토끼가 고개를 들고 물었다.

"아빠가 늘 말하자네. 떡 만드는 건 예술이라고잉. 아들아, 넌 랩을 해라, 난 떡을 랩에 싸마. 뭐, 이런 게 랩 아니냐?"

"아빠, 랩은 라임이 생명이야. 비슷한 발음 하는 거 말야."

옥토끼가 타박했지만, 옥토끼 아빠는 오른손을 흔들며 랩 하는 흉내를 냈다.

"집에 가면, 나는 라면, 너는 냉면, 먹고 숙면. 자고 나면, 얼굴 외면. 어떠냐잉?"

"뭐야, 순 엉터리야."

"일어나면, 벽에 평면, 티비 정면, 계속 보면, 눈이 가면, 안경 직면. 아들, 아빠도 랩 잘하지?"

"어휴, 하지 말라니까?"

그때 피바다가 부자의 훈훈한 분위기를 깨며 전궁이에게 물었다.

"근데 방정이 애는 어디 있냐?"

옥토끼 무대가 끝난 뒤로 방정이가 보이지 않았다.

피바다는 불길했다.

'혹시 또 튄 거 아냐?'

정말 어디로 튈지 알 수 없는 녀석이었다. 충분히 그러고도 남을 아이였다.

'믿어 주는 게 아니었는데.'

피바다는 얼굴에 열이 확 올랐다.

그때 어디서 방정이 목소리가 들렸다. 방정이가 녹화장 건물 2층에서 창밖으로 스케치북을 흔들어 대며 외쳤다.

"전긍아! 래퍼 빔 사인 받았어. 내가 네 동생 빛나한테 사인 받아 준다고 약속했잖아!"

피바다는 방정이를 보고 픽 웃었다.

집으로 가는 차 안, 전긍이는 빛나에게 줄 사인을 들고 생각에 잠겼다. 아까 옥토끼 노래가 다시 떠올랐다. 실패해도 괜찮다고, 부끄러움을 이겨 내라고, 비겁해지지 말라고, 미리 두려워하지 말라고.

'나는 나를 믿을 수 있나?'

처음으로 '그래 볼까?'하는 생각이 들었다. 그렇게 결심했기에 이튿날, 대형 사고를 치고 말았다.

가출 전이라면 생각도 못했을, 그야말로 대형 사고를.

누가 뭐래도 내 길을 갈래

전궁이는 다시 학교에 던져졌다. 그때까지만 해도 전궁이는 친구들과 함께라면 학교생활도 견딜 만할 거라고 막연히 생각했다. 그런데 옥토끼가 폭탄 같은 발언을 했다.

"나 전학 갈지도 몰라. 가출해 있는 동안에 자퇴는 안 하기로 마음먹었어. 근데 전학은 가고 싶어. 아무래도 이렇게 밤늦게까지 강제로 야자 하고, 보충 수업 하고, 주말에도 못 나가는 이런 거 더는 못 견디겠어. 부모님도 알아서 하래."

통이 옥토끼 양쪽 볼을 잡아당겨 흔들었다.

"야, 안 돼! 귀여운 너 없으면 누굴 놀리고 사냐?"

"옥토끼, 정신 차려! 힙합은 저항의 상징이라며? 여기야말로 억압의 아이콘이잖아. 여기서 예술을 꽃피워 봐."

방정이의 말에도 옥토끼는 시무룩했다. 전긍이는 옥토끼와 꼭 함께 졸업하고 싶었다. 통이 계속 흥분했다.

"졸업까지 우리 넷이 꼭 같이 지내야지!"

전긍이는 어쩌면 방법이 생길지도 모른다고 생각했다.

"옥토끼! 그럼 우리가 만들면 되잖아. 네가 전학 가지 않을 학교 말이야."

옥토끼가 심각한 표정으로 물었다.

"무슨 수로?"

전긍이가 자기 머리를 두드렸다.

"머리를 써야지! 그렇게 많은 사람들 만나 보고도 모르겠어? 우리가 길에서 만난 분들이 우리 상황을 보면 이렇게 얘기할 거야. '일을 만들지 않으면 아무 일도 안 생긴다.'"

방정이가 고개를 갸웃거렸다.

"그 명언은 누구 거야? 소설가? 철학자?"

"아니. 내가 만든 말인데?"

전긍이는 아이들의 놀라는 시선도 알아차리지 못한 채, 이런 저런 생각을 하기 시작했다.

이튿날, 학생부장 잠수함 김덕수 선생은 지끈거리는 머리를 한 손으로 누르며 출근을 서둘렀다. 아이들이 학교를 탈출한 날 잠수함은 여수에서 출장을 마치고 돌아온 참이었다. 나중에 가출 신고가 접수된 후 CCTV를 보고 나서야, 잠수함이 내린 열차에 아이들이 탔다는 걸 알았다. CCTV에는 아무것도 모르고 승강장을 나서는 자기 모습과 그 뒤로 혀를 쑥 내밀며 깨방정을 떨고 있는 아이들의 모습이 찍혀 있었다. 그걸 봤을 때의 낭패감이란!

그 아이들이 돌아왔다. 아이들이 무사해서 다행이라는 생각이 드는 동시에 그동안 교장과 전긍이 엄마를 비롯한 학부모들에게 시달린 게 떠올라 발가락 끝부터 화가 솟구쳤다.

'내 이것들을 가만두나 봐라.'

차가 순천만 해변으로 접어들었다. 창밖으로 온갖 새 떼가 날아오르는 평온한 풍경을 보니 화가 조금 사그라지는 것 같았다. 교문에 들어서자, 학교 기념석이 그를 반겨 주었다. 교문 입구에 있는 개교 30주년 기념석에는 이런 문구가 새겨져 있었다.

'세계는 우리의 것이다.'

그가 이사장과 함께 직접 만든 문구였다. 그는 그 문구를 볼 때마다 가슴이 벅차올랐다. 자기가 저 어리석고 미개한 학생들을 가르쳐 나라의 인재를 만드는 것 아닌가! 자기 손을 거쳐 간 명문대생들이 얼마나 많은가! 세상은 결국 상위 1퍼센트의 엘리트가 움직인다. 그 엘리트를 만드는 사람이 바로 자기 아닌가!

잠수함은 창문을 내리고 수분을 함빡 담은 공기를 마시다가 급정거를 했다. 그는 눈을 의심하며 차에서 내렸다.

기념석 글씨 아래에 붉은 라커로 '세계는 우리의 것이 아닙니다.'라는 글자가 괴발개발 쓰여 있었다. 그 아래에는 '학생도 인권이 있습니다.'라는 말도 쓰여 있었다. 잠수함은 분노로 손이 부들부들 떨렸다.

그는 진심으로 '인권'이 학생들을 망치고 있다고 생각했다. 요즘은 학생인권조례를 만들어 학생들의 인권을 보장해 준다고 하지만 그야말로 헛소리에 불과하다고 생각했다. 학생들에게 가장 중요한 건 성적 아닌가? 교사가 할 일은 수단과 방법을 가리지 않고 성적을 올려 주는 일 아닌가?

잠수함이 이런 생각을 하는데, 교문 바닥에도 붉은 글씨가 써 있는 게 보였다.

'우리에게 휴식을 주삼.'

'농구대, 축구 골대를 돌려놔라!!!!!!!! 운동 좀 하자!'

잠수함은 어이가 없었다.

"누구야, 도대체? 이런 짓을 한 놈이!"

잠수함은 바닷가에 피어난 한 떨기 동백꽃처럼 얼굴이 달아올랐다. 잠수함은 주차한 뒤 분노를 억누르며 천천히 본관 현관으로 들어갔다. 그때 거울 옆 벽에 붙은 하얀 전지가 눈에 들어왔다.

여기는 무진 감옥입니까?
교칙은 학생이 정합시다!

첫째, 5시 이후 자습을 강제하지 말 것

둘째, 날마다 외출 허용, 특히 주말은 외출 허용

셋째, 농구대, 축구 골대 원상 복구

넷째, 학교에서 휴대폰 사용 허용

"이 배신자들!"

잠수함은 뒷골이 확 당겼다. 부인이 식단을 철저하게 잘 관리해 주어서 끊은 고혈압 약을 다시 먹어야 할 것 같은 예감이 들었다. 그는 전지를 갈기갈기 찢었다.

그는 곧장 2층의 한 교실로 들어갔다. 몇몇 학생들이 미리 와서 조용히 자습을 하고 있었다. 학생들은 별 동요가 없어 보여 다행이라는 생각이 들었다. 발걸음을 옮기려던 그의 눈에 4분단 맨 앞자리에 살포시 놓인 흰 종이가 들어왔다.

종이에는 전지에서 본 내용이 적혀 있었다. 그 글 아래에는 학생들의 서명을 받는 칸도 있었다.

잠수함은 한 마리 상처 입은 짐승처럼 절규했다.

"으으악! 어떤 새끼야!!"

그의 비명 소리가 무진의 아침 안개를 갈랐다.

<우리의 요구를 위한 서명지>

어른들도 하루에 8시간 일합니다.

왜 우리는 강제로 하루에 16시간을 공부합니까?

우리도 우리 꿈을 찾을 시간이 필요합니다!

학생들이여. 일어나라!

성 명	학년/반	서 명

보충 수업 1교시, 정작 모든 일을 주동한 전긍이는 안절부절못했다. 처음으로 엄마 의견이 아닌, 자기만의 생각으로 어떤 문제에 해결책을 냈다. 그런데 용기를 내도 너무 냈다는 생각에 후회가 되었다. 마치 자전거를 배울 때와 비슷한 느낌이었다. 자전거를 처음 배울 때는 힘이 제대로 조절되지 않는다. 어쩔 때는 페달

을 너무 세게 밟아 넘어지고, 어쩔 때는 겁이 나서 머뭇거리다가 넘어진다. 전궁이는 지금 자기 상태가 꼭 그런 것 같았다.

익숙한 감정인 걱정과 불안이 밀려들었다. 전궁이는 뒤돌아 통을 힐끗 바라보았다. 통이 전궁이에게 손으로 브이 자를 그려 보이며 해맑게 웃었다. 오늘 새벽, 대학로 클럽 벽에서 영감을 얻었다며 통은 라커로 비석에 테러를 가했다. 녀석은 그걸 그래피티라고 주장했다. 그건 애초에 전궁이가 계획한 일이 아니었다. 전궁이는 대자보와 서명지까지만 생각했다. 기념석 테러는 통이 우발적으로 저지른 일이었다. 자기가 계획한 것보다 일이 더 커져 버려서 전궁이는 몸과 마음이 촛농처럼 흘러내리는 기분에 휩싸였다.

과학 시간이라 피바다가 한창 이 말을 하고 있었다.

"빨간색으로 밑줄 그어! 옆에도 그어. 밑에도 그어. 쫙쫙 그어. 또 그어. 긋고 또 그어."

그때 학생부장 잠수함이 앞문을 거칠게 열었다.

"민시우, 나힘찬, 남준석, 옥한결! 이리 나와!"

헉! 전궁이는 심장이 멎는 줄 알았다. 반 아이들의 시선이 모두 네 아이들에게 꽂혔다. 전궁이는 말포이 박천호와 눈이 마주쳤다. 말포이가 차가운 웃음을 흘렸다. 방정이가 어제 전지를 사 들고 오다가 기숙사 앞에서 말포이와 마주쳤다고 했다. 말포이가 아침에 대자보를 보자마자 학생부장에게 일렀겠지. 녀석에게 평생 라이벌인 방정이가 사라지면 반 1등은 자기 차지니까. 전궁이는 뒷문으로 나가면서 말포이를 노려보았다.

학생부실에 갔더니 잠수함 책상 위에 매직과 유인물이 놓여 있었다. 전긍이가 침대 매트리스 사이에 숨겨 둔 것이었다.

통이 당당하게 말했다.

"쌤, 이건 인권 침해입니다. 왜 함부로 저희 방에 들어가세요?"

잠수함이 유인물을 말아 통의 머리를 사정없이 내리쳤다.

"너희한테 무슨 인권이 있어!"

잠수함 눈에 방정이가 여기저기 살피는 게 보였다. 잠수함은 방정이 머리도 유인물 뭉치로 내리쳤다.

"이 건물 창문 다 잠갔다. 요런 미꾸라지 같은 놈!"

끝내 화를 이기지 못한 잠수함이 청소함에서 대걸레를 꺼내 걸레 부분을 뽑았다. 순간, 낮은 목소리가 들렸다.

"선생님, 말로 하시죠!"

피바다가 잠수함이 든 대걸레를 움켜쥐었다. 그 뒤로 헐레벌떡 들어오는 교장 선생님이 보였다.

"이봐, 김덕수 선생! 그거 놓게! 요즘 시대가 어떤 시대인가?"

교장 선생님도 잠수함에게 달려들어 말렸다. 전긍이는 '이게 뭐지?' 하는 눈빛으로 주변을 살폈다.

교장 장광민에게는 절실한 소망이 하나 있었다. 잡음 없이 교직 생활을 마무리하는 것이었다. 그는 나이 마흔다섯에 늦둥이 딸을 보았다. 막내가 다 클 때까지 이 자리를 지키는 것이 지금 남은 삶의 목표였다. 그는 최근에 민원 하나 잘못 들어와서 곤욕을 치르는 교장을 여럿 보았다.

이 교장 자리가 어떤 자리인가. 그동안 사립 학교에서 온갖 암투와 알력을 치러 내고, 구질구질 치사한 일을 마다하지 않은 끝에 얻어 낸 자리 아닌가. 이사장이 치질 수술을 한다고 하면 결혼기념일에도 병원으로 뛰어가 이사장의 항문을 진심으로 걱정하는 표정을 지으며 수발을 들었다. 평교사 시절에는 비 오는 날이면 주차장에서 교장이 올 때까지 기다렸다가 우산을 씌워 교장실까지 모셔다 주었다. 그렇게 교장이 될 때까지 영혼을 팔았다면 몇 번은 팔았을 거라 생각했다. 그는 절대 불명예스럽게 교장 자리에서 물러나고 싶지 않았다.

게다가 이번에 가출한 아이들 중에는 그가 눈독 들이고 있는 나힘찬이 있었다. 사회 배려자 전형으로 들어온 학생이었는데, 성적이 뛰어났다. 그 아이를 잘 키워서 의대라도 보내면 '귀족학교'라는 오명을 씻고, 개천에서 난 용을 키워 주는 학교로 포장할 수 있을 것 같았다. 그 아이가 이 일로 전학 가거나 퇴학당하는 걸 바라지 않았다.

요즘 학부모와 학생들은 예전과 달랐다. 학생들을 엄격하게만 대하면 싫어했다. 그래서 몇 년째 학교가 미달 사태를 빚는 것 같았다. 이번에 가출했던 남준석이라는 아이도 미달로 들어온 아이라고 들었다. 그런 아이가 들어와 물을 흐린다고 생각하니 정말 못마땅했다. 모범생 부모들도 다른 이유로 아이들에게 자유를 주라고 했다. 과외를 시키기 위해서였다. 저 앞에 앉아 있는 민시우 엄마도 학교에 뻔질나게 들락거리며 계속 주말 외출을 종용하던 차였다.

그리고 가출한 아이 중에 옥한결이라는 아이는 이번에 텔레비전 프로그램에 나왔는데, 그 프로그램이 방영된 후로 지인들에게서 전화 세례를 받았다. 그 아이처럼 텔레비전에 나가 학교를 홍보하는 일도 바람직한 것 같았다.

이번 아이들 가출 사건을 계기로 학교 분위기를 바꾸어 보자는 게 교장의 생각이었다. 교장은 아이들의 요구 사항을 다 듣고 나서 인자한 미소를 띠었다.

"그래, 수용할 점은 수용해 주도록 노력하지."

이 말을 들은 전궁이와 아이들은 어리둥절한 눈빛을 주고받았다. 이렇게 해서 아이들과 교장의 동상이몽은 극적으로 합의를 보게 되었다.

그날 밤, 전궁이는 빈 공책 한 권을 펼쳤다.

전궁이는 자신이 조금은 달라진 것 같았다. 왠지 딱 꼬집어 말할 수는 없었지만, 그 이유를 곰곰이 찾아보다가 '길에서 보고 듣고 느낀 것 때문이 아닐까?'하는 생각이 들었다. 전궁이는 기억은 휘발성이 강하다는 걸 알고 있었다. 그 기억이 가물가물해지는 게 싫었다.

전궁이는 길에서 만난 사람들에게 멘토라는 이름을 붙였다. 그러고는 길에서 만난 그 멘토들의 이야기를 공책에 적어 내려가기 시작했다.

그 이후로도 전긍이는 멘토들의 이야기 중 받아들일 점은 받아들여 일상에 적용한 것, 자신이 변하려고 노력한 점을 틈틈이 적어 나갔다. 그렇게 6개월이 흘렀다.

겨울 방학식 하루 전날, 전긍이는 그동안 써 놓은 공책을 펼쳐 읽어 보았다.

나의 꿈 찾기 프로젝트

멘토1. 랄 누나

"꿈이 인생의 어느 순간에 찾아올지 모르니, '나'를 알아야 한다."

지금 나에게 찾아온 꿈은 간호사, 물리 치료사 같은 의학·보건 계통 일이다.

나는 내가 어떤 사람인지 조금 알게 되었다. 나는 통처럼 몸 쓰는 일을 하고 싶지도 않고, 할 수도 없을 것 같다. 옥토끼처럼 감성적인 일도 못할 것 같다. 생각만 해도 오글거린다. 또 나는 방정이처럼 재미있는 일을 찾아 들쑤시고 다니지도 못할 것 같다.

나는 어떤 사업을 벌이기보다는, 어떤 조직에 들어가 일하고 싶다. 되도록 꼼꼼하고 실수가 적어야 하는 일이면서 보람도 느끼는 일이면 좋겠다. 지금은 의학 · 보건 계통 일을 하고 싶지만 언제 또 다른 꿈이 생길지 모른다. 요즘 도서관에서 의학 관련 책 말고도 공포 소설, 스릴러 책을 자주 읽는다. 언젠가 무섭고 재미있는 소설을 써 보고 싶다는 생각도 했다. 나중에 이 꿈이 커지면, 직업과 병행하며 그 꿈도 이루어 보고 싶다. 랄 누나가 그렇게 말하지 않았던가? 긴 인생을 여러 번 나누어 살면 재미있을 거라고!

먼 훗날에는 또 다른 어떤 꿈이 나에게 찾아올지 모른다. 내가 성장하고 변화하면, 꿈과 직업도 바뀌고 변화할 거라 믿는다.

멘토2. 토르 아저씨

"꿈에 날개를 달아야 한다."

내 꿈을 이루려면 일단 성적을 올려야 했다. 예전에는 성적 그 자체가 목적이었다면, 이제는 성적을 내 꿈을 이루기 위한 날개 중 하나로 생각한다.

나는 내 태도부터 바꾸기로 결심했다. 다른 친구들을 경쟁 상대로 생각하지 않기로 했다. 이렇게 마음먹으니 편해졌다. 그리고 나에게 맞는 공부법을 찾기 시작했다. 예전에는 무작정 닥치는 대로 계획 없이 공부했다. 물론 공부하는 시간보다 불안해하는 시간이 훨씬 더 많기는 했지만……. 또 '공부에 대한 공부'도 했다. 랄 누나에게 전화로 공부법에 대해 물어보고, 공부법 책도 읽었다. 나에게는 예습보다는 복습이 잘 맞는다는 걸 알았다. 또 혼자서 공부하는 것보다 친구들과 함께 하면 효과가 더 좋다는 것도 알았다. 공부법을 바꾸고 나서 성적이 훌쩍 올랐다!!

또 알아보니, 의학 · 보건 계통 직업은 해외 취업도 많이 한다고 한다. 나중에 졸업하면 외국에 나가서 일해 보고 싶다는 생각이 들었다. 그러려면 외국어 공부를 열심히 해야겠지. 이런 목표가 생기고 나서 영어, 중국어를 공부하니 훨씬 덜 지루했다.

앞으로 무슨 꿈이 생기든 다짜고짜 그 꿈에 뛰어들지 말고, 그 꿈을 이루기 위한 날개가 무엇일지 생각해 봐야겠다.

멘토3. 청년 농부 형

"진정으로 원하는 배움을 해야 한다."

나는 그동안 무작정 이름 있는 대학에 가길 원했다. 무슨 학과에서 어떤 공부를 하고 싶다는 것은 전혀 생각하지 않았다. 나 자신을 보기보다는 주변의 시선만 신경 썼던 것 같다.

하지만 농부 형을 보며 학벌보다는 내 적성과 꿈이 무엇인지 먼저 알고, 그 꿈에 필요한 배움을 찾아야겠다는 생각을 했다.

나는 내 실력을 쌓아 갈 수 있는 학교에 가서, 진짜 배우고 싶은 것을 최선을 다해 배울 것이다.

또한 훗날 내게 또 다른 꿈이 생긴다면, 학교가 아니더라도 그 지식을 가장 잘 배울 수 있는 곳을 찾아가 배울 것이다.

멘토4. 곤충 레스토랑 사장님

"실행하지 않으면, 꿈은 꿈으로 남을 뿐이다."

곤충 레스토랑 사장 형은 꿈을 이루기 위해 꾸준히 도전했다. 나도 꿈을 이루기 위해서, 오늘 내가 할 일이 무엇인지 생각하고 실행하기 시작했다.

'간호사, 물리 치료사 이런 일이 내 적성에 맞을까?'

그건 책상에 앉아서는 알 수가 없는 일이었다. 가 보지 않은 길은 죽을 때까지 알 수 없다는 생각이 들었다. 의학·보건에 관한 책도 찾아보았고, 다큐멘터리도 보았다. 하지만 이것만으로는 부족했다. 그걸 알아보기 위해 매달 두 번씩 요양원에서 봉사 활동을 했다. 간호사, 물리 치료사 형, 누나들과도 친해져서 많은 이야기를 들을 수 있었다. 이분들이 일에서 느끼는 보람과 힘든 점을 생생하게 들려주었다. 이야기를 들을수록 이 분야 일을 해 보고 싶어졌다. 또 임상 병리사, 응급 구조사, 방사선사, 치위생사, 치기공사 등 의학·보건 계통 전공이 참 다양하다는 것도 알았다. 앞으로도 봉사 활동은 꾸준히 할 계획이다.

우리 시 고등학생 연합 의학 보건 동아리에도 들었다. 동아리에서 질병과 치료에 관한 의료 지식을 공부하고, 다양한 실험과 여러 응급 처치법 실습도 했다. 매달 한 번씩 장애인 복지관에 가서 여러 프로그램도 진행했다. 학교에도 의학 동아리를 만들었다. 교내에서 처음 실시한 활동이 '손씻기 캠페인'이었다. 제발 내 룸메이트들이 손이라도 잘 씻고 다니면 좋겠다는 마음에서 만든 활동이었다. 특히 방정이!

나는 여전히 전공이다. 하지만 예전에는 실패할까 봐 전전긍긍하는 전공이였다면, 이제는 '가장 많이 실패한 자는 가장 많이 시도한 자'라는 것을 아는 전공이다. 오늘 실패해도 된다. 나는 그 실패에서 배워, 꿈을 위해 행동할 것이다.

멘토5. 파인 작가님

"꿈의 법칙 LOVE"

<좋아하는 일을 하되(Like),

객관적 검증이 필요하니(Objective Verification),

노력하라(Effort)>

영어 사전을 한참 뒤져, 파인 작가님의 말을 꿰뚫는 '꿈의 법칙 LOVE'라는 것을 만들어 보았다. 이 말을 만들고 어찌나 뿌듯하던지!

파인 작가님은 다른 일을 하면서도 자신이 좋아하는 일을 손에서 놓지 않았다. 그렇게 묵묵히 노력하여 실력을 쌓았다. 그리고 좋아하는 일을 하더라도, 재능을 객관적으로 검증받는 과정이 필요하다고 하셨다. 나는 이 '객관적 검증'이라는 말이 오래도록 가슴에 남았다. 사람이 무엇인가 좋아하는 일이 생겼을 때, 불에 뛰어드는 부나방처럼 그 일에 미친 듯 뛰어드는 열정만으로는 부족하다는 것을 알려 주는 냉정한 말이기 때문이다.

나는 내가 가고 싶은 학과가 있는 대학을 조사해 놓았다. 그 대학과 학과를 내 실력으로 갈 수 있는지 점검하기로 했다. 지금 내가 할 수 있는 일은 온 힘을 다해 노력하는 것이다. 나는 지금 수학 공식을 외워도 수학 문제에 대입하지 못해서 수학 포기자가 되기 직전이다. 하지만 작가님이 알려 주신 이 꿈의 법칙 'LOVE' 만큼은 내 인생에 꼭 대입할 것이다. 나는 내 인생에 새로운 꿈이 나타날 때마다 이 '꿈의 법칙 LOVE'를 떠올릴 것이다. 내가 좋아하는 일을 하되, 계속 실력을 쌓아 올려 그 실력을 검증받을 것, 그리고 성실하게 노력할 것!

전궁이가 공책 마지막 문장을 다 읽었을 때였다. 전궁이 귀에 해괴한 문장이 들려왔다.

"폐잘이 파란색 전투복에 군화를 신으면 어떨까 하는데……."

전궁이는 공책을 덮고 소리 나는 쪽을 쳐다보았다. 목소리의 주인공은 두더지 손민수였다. 방정이가 두더지 손을 잡았다.

"앉아, 인마. 잘 생각했어. 폐잘이 항상 검은 전투복만 입으란 법 있어? 파란색도 잘 어울릴 거야."

두더지가 살포시 미소 지었다. 두더지는 방정이가 그린 캐릭터와 사랑에 빠진 것처럼 보였다. 그걸 그려 달라는 두더지나 그걸 그려 주는 방정이나 정상은 아닌 것 같았다.

"자, 선불 5천 원. 원래는 꼬박 하루 걸리는데, 내일부터 방학 아니냐. 이 한 몸 무리해서 오늘 안으로 완성해 볼게. 몬스터도 서비스로 그려 줄게."

두더지는 두꺼운 안경을 추어올린 후, 방정이에게 5천 원을 내밀었다. 방정이가 돈을 넣은 지갑을 흔들었다.

"전궁아, 드디어 내일 형아 일본 여행 간다. 지난여름에는 너희 때문에 못 갔잖아. 여권은 당연히 챙겨 놨지!"

앞문이 벌컥 열리면서 통이 뛰어 들어왔다.

"전궁아! 방정아! 가자! 곧 시작해!"

이런 걸 데자뷔라고 하나? 6개월 전에도 꼭 비슷한 장면이 펼쳐졌던 것이 기억났다. 다만 달라진 점이 있다면, 옆에 옥토끼가 없다는 거였다. 전궁이는 옥토끼의 빈자리를 바라보았다.

"야, 시간 없어. 30분밖에 안 남았잖아. 근데 전긍이, 너 뭐 하냐? 또 영어 단어 외워? 암튼 변한 게 하나도 없어, 자식."

통이 전긍이 공책을 낚아챘다.

"뭐야? 영어 단어장? 아니네? 어? 그거네? 우리가 여름에 겪은 일들!"

"야, 내놔."

전긍이가 공책을 잡으려고 통에게 달려들었지만, 통은 이리저리 피하며 공책에 적힌 글씨를 재빨리 읽었다.

"와, 나의 꿈 찾기 프로젝트래. 이 오글거림 어떡할 거야? 나 닭 될 것 같아."

통은 공책을 들고 설치는 와중에도 닭살을 없애겠다며 팔뚝을 벅벅 문질러 댔다.

"야! 돌려달라니까!"

통이 공책을 방정이에게 던졌다. 방정이가 공책을 받아 들고 소리 내어 읽었다. 방정이는 전긍이를 피해 교실의 이곳저곳을 옮겨 다니며 공책에 적힌 내용을 줄줄 읽었다. 전긍이는 방정이 잡는 것을 포기하고 교실 빈자리에 앉았다. 방정이가 다 읽고 통에게 공책을 던지자, 통이 전긍이에게 다가와 공책을 건네며 얼굴을 찌푸렸다.

"전긍아, 항상 느끼는 거지만, 넌 쓸데없이 진지해."

전긍이가 울상을 지었다.

"누가 읽으래?"

통이 공책을 다시 가져갔다.

"그래도 이 부분은 마음에 든다. '나'를 알아야 한다는 거. 난 지난여름에 처음으로 난 어떤 놈일까 하는 생각을 많이 해 봤어. 난 공부는 접고 운동이나 해서 체대 가려고 했잖아. 근데 우리가 가출한 내내 그런 생각이 들더라. 나는 앞으로 몸 쓰는 일을 하면서 살 거지만, 절대 무식한 놈이라는 소리를 들으며 살지는 않겠다고."

"우히히, 지금보다 더 무식해지긴 힘들지."

방정이가 이죽거리자, 통이 방정이 어깨에 주먹을 날렸다. 방정이가 어깨를 감싸고 "윽, 무식하고 힘만 센 놈!"이라며 신음 소리를 냈다.

통이 확신에 찬 어조로 말했다.

"난 몸으로 하는 일을 할 거야. 경호원, 특수 경찰, 특전사가 되든 건설 기술을 배워서 건설업을 하든 난 꼭 성공할 거야. 그 밀가루 빵처럼 생긴 새끼, 반드시 그놈보다는 성공할 거야."

전긍이가 보기에 통은 한다면 하는 녀석이었다. 통은 여름 방학이 끝난 뒤로 수업 시간에 눈을 부릅뜨고 들었다. 단, 수학만큼은 어떻게 해도 답이 없다고 했다. 통은 전긍이를 따라 도서관에도 자주 갔다. 거기서 운동선수들이 쓴 책이나, 근육 키우는 법 같은 책을 읽었다. 간혹 소설, 사회 과학 같은 다른 분야 책도 뒤적거렸다. 통은 여전히 운동을 열심히 했다. 학교에 복싱부 동아리도 만들어 매일 방과 후면 복싱부에 가서 운동을 했다. 참, 그

복싱부 동아리 지도 교사가 바로 피바다였다.

방정이도 모처럼 진지한 표정으로 말했다.

"난 너처럼 꼼꼼하게 교훈을 생각해 본 적 없어. 하지만 내가 길에서 깨달은 게 하나는 있어. '인생이 자동차라면, 그 운전대는 내가 잡아야 하는구나.'라고 말이야. 길에서 만난 사람들은 다 자기 길을 개척해서 살았잖아. 난 길에서 겪은 일을 통해 내가 정말 우물 안 개구리라고 느꼈어. 엄마나 선생님이 우리한테 알려 준 길은 다 합쳐도 열 가지가 채 안 되잖아."

전궁이가 부러운 낯빛으로 물었다.

"넌 그래도 공부 잘하니까 다 고를 수 있잖아. 그래서 의사, 웹툰 작가 중에 진로를 결정했어?"

"아니. 예전에는 당장 포털에 있는 웹툰 도전 코너에 올릴 스토리만 구상하고 그것만이 지금 내가 할 일이라고 생각했어. 근데 어쩌면 그게 다가 아닐 수도 있다는 생각이 들어. 난 앞으로 하고 싶은 일이 엄청 많아. 아직은 다른 여러 일을 더 탐색해 보고 싶어. 몸으로 부딪쳐 보면서 세상을 알아 가고 싶어. 앞으로 여행도 더 다니면서 넓은 세상으로 나가 볼 거야. 전궁이 넌 어떤 조직에 들어가서 안정적인 일을 하고 싶다고 했지? 난 남들이 짜 준 판 말고, 내가 판을 만들면서 살고 싶어. 어쨌든 내 대답은 여전히 길을 찾고 있다는 거지. 늦겠다. 가자."

전궁이는 시계를 보았다. 오후 6시 50분이었다.

"그래! 10분 남았네!"

전궁이는 아이들과 함께 교실 문을 나섰다. 전궁이가 도착한 곳은 별관 1층에 있는 학생 휴게실이었다. 42인치 텔레비전과 검은색 등받이 의자가 스무 개쯤 있고, 의자 뒤로는 둥근 테이블 다섯 개가 있었다. 출입문 옆 뒤쪽 벽에는 자판기 두 대와 공중전화기 두 대가 있었다. 학생 휴게실 안에서는 아이들 스무 명 정도가 텔레비전을 보고 있었다.

통이 음료수를 뽑아 전궁이에게 건네는데, 전궁이의 휴대폰이 울렸다. 휴대폰 액정에 '못생긴 애'라고 떴다. 동생 빛나였다.

"아, 왜?"

"왜 짜증이야? 내일 언제 와?"

"내일 방학식 하고 가면 여섯 시쯤 될 것 같은데? 근데 네가 왜 날 기다려? 불길하게."

"오빠, 나 어제부터 방학이야. 근데 집에 밥이 없어. 엄마가 오늘 나주로 2박 3일 전지훈련 갔거든. 식탁에 딸랑 2만 원 올려놓고."

"끊어!"

"참, 오빠. 내일 집에 방정이 오빠 데려오면 안 돼?"

빛나는 방정이가 빔의 사인을 받아 준 뒤로, 이런저런 핑계를 대며 전궁이에게 전화해 방정이의 안부를 물어보았다. 전궁이는 아직 빛나에게 방정이 사진을 보여 주지 않았다. 빛나가 방정이에게 호감을 키울 만큼 키운 다음에 사진을 보여 줄 계획이었다. 그렇게 해서 빛나가 여름에 비상금 훔쳐 간 걸 복수할 생각이었다.

그렇지만 혹시 빛나가 방정이랑 잘되는 일이 있더라도 말릴 생각은 없었다. 빛나와 방정이는 은근히 잘 어울리는 구석이 있었으니까. 철딱서니가 없는 것도, 덕후 기질이 있는 것도, 지저분한 것도 코드가 맞아 보였다.

"크크."

전공이는 전화를 끊고 터져 나오는 웃음을 참을 수 없었다.

그날 이후 엄마는 전공이를 다시 엄마 뜻대로 하려고 온갖 회유, 설득, 협박을 했다. 하지만 전공이가 움직이지 않았다. 엄마를 닮아 사나운 구석이 있던 빛나도 자기 생각이 생겼는지, 중2의 한복판에서 엄마에게 격렬하게 반항했다. 엄마는 남매가 더는 자기 뜻대로 되지 않는다는 걸 알자, 잠시 모든 일에서 손을 놓는 듯했다. 그러다가 가을에 엄마 이름을 딴 '박세영 배드민턴 교실'을 열었다. 이달 말에 열리는 도내 아마추어 대회를 앞두고 꼭 1등을 해야 한다며 2박 3일로 전지훈련을 떠났다. 주말에 집에 가면 냉장고에 호두 알갱이가 떠다니는 국과 반찬이 더 이상 보이지 않았지만, 전공이는 눈곱만큼도 아쉽지 않았다.

"야, 방송 시작한다. 조용히 해."

방정이가 리모컨으로 음량을 높인 후, 애들에게 소리를 질렀다. 랩 서바이벌 프로그램 '렛츠 힙합' 1차 본선이 생방송되고 있었다.

옥토끼는 학교를 떠나지 않았다. 테러 사건 후 옥토끼는 학교에서 숨 쉴 시간이 생겼다고 좋아했다. 여름 방학 전에는 "랩 말고 다른 건 다 필요 없다. 자퇴해서 음악만 하겠다."고 했는데, 돌아와서는 조금 달라졌다. 옥토끼는 꿈을 이루기 위해 현실의 시간을 최대한 활용하는 듯했다. 옥토끼는 자기 우상 에미넴이 스케줄 없을 때면 하루 중 절반은 사전을 읽고 절반은 뉴스를 본다는 기사를 접하고 난 후, 자기도 질 수 없다고 했다. 옥토끼는 랩을 잘하려면 시집 읽는 것도 중요하고 사회 돌아가는 형편을 아는 것도 중요하다고 했다. 교무실에서 선생님들이 보다가 놓아둔 신문도 가져다 읽었다.

옥토끼가 예전에는 심장이 반응하는 대로만 살았다면, 지금은 뇌라는 장기도 함께 쓰면서 산다고 할까? 옥토끼는 예전보다 수업 시간에 더 집중했다. 어떤 래퍼는 수학 지식으로도 펀치라인을 만든다고 했다. 옥토끼는 전 과목 지식으로 펀치라인을 연구할 거라고 했다. 수업 시간에 배운 내용을 랩으로 만들어, 아이들에게 시도 때도 없이 들려주었다. 통과 방정이는 그걸 귀찮아했다. 옥토끼가 다가오기만 하면 둘은 주황색 귀마개를 꺼내 귀를 막았다.

전궁이는 옥토끼의 랩이 좋았다. 옥토끼가 만든 랩을 들으면, 수업 내용이 귀에 딱딱 박히는 느낌이 들었기 때문이다. 과학 시간에 뉴턴의 3법칙을 배우면, 옥토끼가 "사랑의 3법칙, 관성의 법칙-너에게 자꾸 끌려. 가속도의 법칙-시간이 흐를수록 미친 듯이 끌려. 작용 반작용의 법칙-네가 나를 튕기면 튕긴 만큼 더 끌려."라고 노래하는 식이었다. 덕분에 전궁이의 성적도 많이 올랐다. 옥토끼는 외국어 공부도 꽤 열심히 했다.

한 번은 전궁이가 옥토끼에게 물었다.

"너 요즘 왜 이렇게 외국어 공부 열심히 해?"

옥토끼가 별거 아니라는 듯 말했다.

"화가는 물감으로 그림 그리고, 건축가는 벽돌로 건물 짓잖아. 내가 리스펙트하는 우리 아버지는 쌀로 떡을 빚고, 난 언어로 랩을 빚지. 그러니까 우리말이든 다른 나라 말이든 다 랩의 재료야."

느끼하게 말하는 건 여전했다.

피바다도 옥토끼를 많이 봐주었다. 옥토끼가 석식 시간 이후 자전거를 타고 어디론가 나갔다 오겠다고 하면 기꺼이 외출증을 써 주었다. 옥토끼는 순천만 갈대밭을 헤매기도 하고, 와온 해변 일몰을 보고 혼자 감상에 젖는 시간을 보내다 오곤 했다. 그렇게 학교생활과 병행해서 꿈을 키워 나갔다.

그런 옥토끼가 이번에 다시 텔레비전 힙합 경연 프로그램 본선에 올랐다. 재능이 있긴 있는 것 같았다. 참, 이번에는 송아 누나도 함께 본선에 올랐다. 누나가 이제 멘토에서 경쟁자가 된 셈이다.

전궁이는 등 뒤가 어두컴컴해지는 걸 느꼈다. 어느새 피바다가 와서 서 있었다. 한일자로 굳게 다문 입술이 완고해 보였지만, 눈빛만큼은 제자에게 보내는 응원의 마음으로 따스하게 빛났다.

"야. 한다, 한다! 옥토끼 차례야!"

방정이가 오두방정을 떨었다. 지난여름보다 한 뼘은 더 자란 옥토끼가 검은색 비니를 푹 눌러쓰고 심사 위원 세 명 앞에 서 있었다.

"제목은 '누가 뭐래도 내 길을 갈래'입니다. 비트 주세요."

경쾌한 비트가 흘러나왔다. 옥토끼는 리듬을 타면서 관객들과 눈을 맞추었다. 6개월 전 무대에서보다 한결 여유로워 보였다. 옥토끼가 랩을 시작했다.

모두가 한곳을 보라 하네.
사막의 겁먹은 미어캣처럼
난 당당히 내 길 보네.
오아시스 찾은 걸 미약하지만
우린 알고 있어 우리 안엔 자석 있어.
각자의 북극성에 가슴 뛰어
내면의 별빛 따라 내 길 갈래.
인생 아직 전반전도 끝나지 않은 게임
아작 낼 반전 준비된 메인
요리는 지금껏 나오지도 않고 대기
지금까진 just 애피타이저 어게인
한순간 전투 승전보 울린다고
인생이란 전쟁 승자는 아니라고
승자들은 자랑할 자세 집어치워.
패자들은 포기할 포즈 취하지 마.
끝날 때까진 끝이 아니야.

도전하는 자 동전 뒤집듯 인생 역전

태클 거는 방해물에 따박따박 말대꾸하며

뚜벅뚜벅 걷다 보면 분명 운명은 내 편

주눅 들 준비 말고 꼿꼿이 어깨 펴.

대세가 되겠단 맹세보다

돈 명예 낚겠단 허세보다

자신을 속이지 않겠단 믿음과

나는 나로 살겠단 다짐이

중요하단 걸 알기에 난

I'll live with myself

Never sacrifice my life for the sight of someone else.

Cuz my life is so precious, so precious.

누가 뭐래도 내 길을 갈래.

누가 뭐래도 내 길을 갈래.

I'm gonna go on my way

on and on and on and on.

옥토끼가 박력 넘치게 랩을 마쳤다. 심사 위원들이 몸을 낮게 숙여 한참을 상의했다. 잠시 뒤, 한 심사 위원이 마이크를 잡았다.

"네, 옥한결 참가자의 결과는…… 60초 후에 공개됩니다."

"뭐야?"

전궁이는 야유를 보내며 무심히 창밖으로 시선을 돌렸다. 허연 안개가 학교를 에워싸고 있었다. 전궁이는 이제 그 스산한 풍경을 봐도 심란하지 않았다. 안개 너머 세상을 보았으니까, 그리고 언젠가는 그 세상 밖으로 나갈 거니까.

전궁이는 불현듯 심사 위원들이 지금 옥토끼를 합격시켜 주고 안 시켜 주고는 중요하지 않다는 생각이 들었다. 지금 합격시켜 주면 조금 빠르게, 그렇지 않으면 조금 돌아서 옥토끼는 자기 길을 갈 것이다.

그건 자기도 마찬가지라는 생각이 들었다. 전궁이는 귀에 찰싹 달라붙은 옥토끼의 랩 후렴구를 흥얼거렸다.

"누가 뭐래도 내 길을 갈래. 누가 뭐래도 내 길을 갈래. I'm gonna go on my way, on and on and on and on."

창밖으로 먹빛 구름이 아이들을 응원하듯 소담스러운 눈송이를 떨어뜨려 주었다.

남도에 내린, 첫눈이었다.

여러분의 길 찾기를 응원하며

'길'이라는 단어만큼 설레는 단어가 있을까요?

저는 윤동주 시인의 「새로운 길」이라는 시 중, "나의 길 새로운 길"이라는 구절을 참 좋아해요. 김동률의 〈출발〉이라는 노래도요. 그 시구절을 읽거나 그 노래를 들을 때마다 가슴이 벅차올라요. 나만의 새로운 길을 찾아 떠나는 느낌이 들거든요.

청소년기는 이 시와 노래처럼 '나의 길 새로운 길'을 찾아, 진짜 인생을 향해 '출발'하는 시기입니다. 그러나 우리나라 청소년들은 이 시기를 설렘으로 보내지 못하는 것 같아요. 오히려 고통으로 보내고 있지요.

저는 고등학교 교사여서, 청소년들이 받는 스트레스를 옆에서 생생하게 지켜보게 됩니다.

벚꽃 핀 이번 새 학기에도 많은 학생들이 힘들어했습니다. 어떤 친구는 중간고사에 대한 압박감 때문에 밥도 제대로 못 먹더라고요. 교생들이 다녀간 뒤, 그 교생들처럼 좋은 대학교에 못 갈 것 같다며 열등감에 눈물을 흘리는 친구도 있었어요. 한 친구는 복잡한 입시 전형이 너무 부담스럽다고 제게 하소연하기도 했어요. 자기의 삶이 생활기록부, 수능, 내신에 꼼짝없이 얽매여 있는 것 같다면서요. 우리나라 청소년 행복 지수가 OECD 국가 중 꼴찌라는 말이 틀리지 않는 것 같았습니다.

청소년들은 시험은 왜 보는지, 어떤 공부를 해야 하는지, 대학은 꼭 가야 하는 것인지 생각해 보지 못합니다. 그저 점수 1점을 더 올려, 더 이름 있는 대학에 진학하기를 희망합니다. 저는 그 모습이 안쓰러웠습니다.

그렇게 치열하게 공부해서 대학에 가면 또다시 경쟁해야 합니다. 고용 없는 성장, 세계 경제 불황으로 많은 대졸자들이 실업자 대열에 합류하고 있습니다.

지금 청소년들이 이렇게 고생한 결과가 확실한 생계유지 또는 행복한 삶과 직결된다면, 저는 백번 양보해서라도 아무 생각 하지 말고 지금 하는 대로 하라고 말해 줄 것 같습니다.

그러나 지금은 4차 혁명 시대입니다. 일자리 지형이 바뀌고 있습니다. 인구 문제, 환경 문제, 가치관 변화 등의 이유로 앞으로 사회는 더욱 달라질 것입니다.

페이스북 최고 운영 책임자 셰릴 샌드버그는 하버드 대학 연

설에서 이런 말을 했답니다.

"로켓에 올라탈 자리가 주어진다면, 어떤 좌석인지 물어보지 마라. 그냥 타라."

청소년들은 미래에 어떤 로켓을 탈지 고민해야 하는데, 지금 우리나라 청소년들은 오로지 입시 교육을 받으며 그냥 소달구지를 타고 가는 것 같습니다.

그래서 '청소년들에게 다른 돌파구는 없을까?' 하는 생각에 진로 공부를 시작했습니다. 자기 길을 잘 찾아간 사람들의 생생한 이야기가 궁금해졌습니다. 그분들의 청소년기는 어땠는지, 그분들은 어떻게 자기 길을 찾았는지, 또 어떻게 그 길을 걸어갔는지 말입니다.

그분들에게 무작정 만나 달라고 했습니다. 많은 분들이 흔쾌히 인터뷰에 응해 주셨습니다. 저는 청소년 여러분을 대표한다는 마음가짐으로 많은 분들을 만났답니다.

이 책에 나온 다섯 멘토는 제가 실제로 만난 분들입니다. 이분들이 주인공 아이들에게 들려준 이야기는 제가 이분들과 나눈 인터뷰를 재구성한 것입니다. 다만, 이 책은 소설이니만큼 이분들이 주인공을 만난 상황이나 일부 대화는 허구임을 밝힙니다.

첫 번째 멘토인 곤충 레스토랑 사장님의 모델은 우리나라 최초의 식용 곤충 카페 '이더블 버그' 주인인 류시두 님입니다. 남들의 말에 휘둘리지 않고, 남들이 가지 않는 길을 가고 있는 멋진 분이지요.

두 번째 멘토인 토르 아저씨의 모델은 현직 경호원인 황길훈 님입니다. 지금도 검은 양복을 입고 선글라스를 쓰고 열심히 경호 일을 하고 계신답니다.

세 번째 멘토인 청년 농부의 모델은 '송이뜰 농장'을 운영하는 강효식 님입니다. 파주에서 가족들과 오순도순 향긋한 버섯을 재배하고 계시죠.

네 번째 멘토인 패션 디자이너의 모델은 '랄 모드'를 론칭한 권윤성 님입니다. 명문 대학교 화학공학과 석사 과정까지 마친 뒤, 지금은 멋진 옷을 만드는 디자이너로 활동 중입니다. 브랜드 이름 중 '랄'은 작품 속에서와 똑같이 지랄 발랄하게 살고 싶다는 뜻이랍니다.

다섯 번째 멘토인 캐릭터 작가의 모델은 '아포이'라는 이름으로 활동 중인 김재수 님입니다. 예고, 미대를 나오지 않고 혼자서 꾸준히 그림을 그려 오신 분입니다. 지금은 '요하', '두루루', '오! 나의 여사님!' 등 사랑받는 캐릭터를 그리고 계세요.

이분들에게는 공통점이 하나 있었습니다. 이분들은 '나'는 누구인지, '나'는 어떤 일을 잘하고 좋아하는지 잘 알고 있다는 점입니다. 저는 여러분이 '나답게' 살아가면 좋겠어요. 아무리 시대가 바뀌고 유망 직업이 계속 바뀌어도 사람은 누구나 자기가 좋아하고 잘하는 분야, 자석처럼 끌리는 분야가 있기 마련입니다. '나'를 깊이 알고, '나'가 하고 싶은 일을 찾고, 그 일을 해낼 수 있는 실력을 쌓아 나가다 보면, 여러분도 여러분만의 길을 찾을 수 있으리라 믿습니다.

이 책에 담지 못해 아쉬운 내용도 있습니다. 청소년들이 실패해도 다시 도전할 수 있는 사회를 만들어야 하는 것은 어른들의 몫이라는 생각에 노동 운동, 사회 개혁 운동에 몸담는 분들도 만나 이야기를 나누어 보았습니다. 정치인도 만나 보았습니다. 세상의 법을 만드는 사람들이니까요. 청소년들의 꿈을 돕는 꿈이룸학교 운영자들도 만났습니다. 이 책의 분량과 구성상 이 부분을 담아내지 못해 아쉽습니다. 다음에 기회가 되면 이런 부분도 이야기해 보고 싶습니다.

인터뷰에 응해 주신 많은 분들과 제 주변 청소년들께 고마움을 전합니다. 여러분께 많은 영감을 얻었습니다.

저는 우리 청소년들이 한 가지 길만 있다고 생각하지 않았으면 좋겠습니다. 세상에는 수백만 가지 길이 있답니다. 여러분이 새로 만들어 갈 길도 있겠지요.

성적, 학벌 때문에 우쭐하거나 주눅 들지 않았으면 좋겠습니다. 인생의 성공은 스무 살에 결정되지 않는다는 사실을 꼭 기억했으면 좋겠어요. 옥토끼 랩처럼 끝날 때까지 끝난 것은 아니니까요!

최근에 치른 학교 시험이 끝나고, 제가 저희 반 친구들에게 해 준 이야기를 들려드리고 싶습니다.

"여러분! 성적이라는 수치로 여러분을 단정 짓지 마세요. 여러분은 세상 그 무엇과도 바꿀 수 없는 소중한 존재랍니다."

정말 귀한 여러분! 존재만으로도 이미 소중한 여러분!

저는 여러분이 눈을 크게 뜨고, 세상이 만들어 놓은 틀과 선을 훌쩍 뛰어넘을 수 있는 사람이 되기를 바랍니다. 공부에 끌려다니기보다는 하고 싶은 공부를 찾아서 할 수 있게 되기도요!

이 책이 여러분이 자신의 길을 찾아갈 때 작은 지도가 되면 좋겠습니다. 여러분이 용기 내어 내딛는 작은 발걸음 하나하나마다 응원과 사랑을 가득 보탭니다.

김은재